俳句を楽しむ

佐藤郁良

岩波ジュニア新書 907

はじめに——十七音の世界

俳句というと、皆さんはどんな印象を持っているでしょうか。お年寄りが静かにたしなむ文芸というイメージを持っている人が多いかもしれません。確かに、中高年の俳句愛好者が多いのは事実ですが、意外や意外、最近では若い人の中にも俳句を楽しむ人が増えてきているのです。

そもそも、俳句は五・七・五のわずか十七音の文学、世界最短の詩形と言われています。ここで言う「詩」とは、短歌や俳句を含む広い意味での韻文《いんぶん》と理解してください。そして、俳句愛好者の数は日本だけでも百万人いると言う人もいます。百万人は少しオーバーかと思いますが、少なくとも数十万人の日本人が、日常的に俳句を作り、句会を楽しんだり新聞の俳句欄に投稿したりしているのは事実です。近ごろは、海外でも俳句が広まりつつありますので、その数はさらに増えているものと思われます。

では、なぜこれほど俳句は世界中の人々に愛されているのでしょうか。それは、何と言っても俳句が短い詩だからです。例えば、小説を読むのが大好きな人でも、小説を書けと言われたら、そんなに簡単には書けません。いわゆる詩も、多くの読者の共感を得る作品を書くのは至難《しなん》の業です。でも、俳句は短いがゆえに、ちょっとその気になれば、一日で何句も作ることが可能です。創作経験のない人たちにとっては、他の何よりも取り組みやすく、また入りやすい文芸だと言えるでしょう。

だからと言って、俳句が簡単だというわけでは必ずしもありません。例えば、プロの俳人が十句作ったとしても、その十句がすべて名句だということはありえないのです。十句の中で、そこそこ良いのはせいぜい半分ぐらいでしょう。十年後、二十年後に残る句は、一句あるかないかというところです。そういう意味で、俳句は実に奥が深い文芸でもあるのです。俳句の世界には、句歴五十年以上という人も結構いますが、五十年やっても飽きることのない文芸が俳句なのです。

そしてもう一つ、俳句と他の文芸を区別しているのは、季語の存在です。季語は、日本人が長い歴史の中で培《つちか》ってきた季節の言葉であり、私たちの日常生活や人生と深く関わっている言葉です。季語がいろいろなことを静かに語ってくれることによって、たった十七音で一つの世界を描くことが可能になっているのです。

間口は広く奥行きが深い文芸、それが俳句だと言えるでしょう。実際、今では多くの若者たちが青春の貴重な時間をかけて俳句を楽しんでいます。みなさんも、十七音の世界に、一歩足を踏み入れてみてはいかがでしょうか。本書が、俳句の楽しさを知るきっかけになってくれれば幸せです。

目　次

●第2章　俳句を鑑賞する …… 31

イラスト＝はぎのたえこ

第1章
俳句甲子園から はじまった！

1 松山から俳句がやって来た

俳句といつどこで出会うかは人それぞれです。大人の場合だと、定年退職や子育てが一段落したのをきっかけに、カルチャーセンターなどで俳句を始める人が多いかもしれません。若いころから俳句に親しんでいたという人は、さほど多くはいないのです。

私の場合、俳句との出会いはある日突然、四国の松山からやって来ました。私は、東京都内の私立高校で国語の教員をしています。教員になって十年が経った二〇〇一（平成一三）年の春、学校に松山市の職員の方が訪ねて来られました。松山で、高校生が参加する「俳句甲子園」というイベントを始めて四年目になるのだが、本格的な全国大会にしてゆきたいので、是非出場してもらえないか、と言うのです。私の勤務する開成高校は、近代俳句の祖・正岡子規《しき》の母校でもあるので、そういう縁をたよりに訪ねて来られたのでした。ちょうどその年、私は高校一年生の担当だったので、私がその応対をしたのです。その席で、「わかりました。参加したい生徒がいるか聞いてみましょう」と答えたのが、すべての始まりでした。そのときはまさか、俳句とのつき合いがこんなに長くかつ深くなるとは思ってもみませんでした。

早速、授業で出場者を募ったところ、十数人の生徒が手を挙げました。その年は、主催者側の招待に近い形だったため、参加費がほとんどかからずに四国へ行けるというので、手を挙げた者が多かったのかもしれません。その生徒たちを集めて、試しに俳句を作らせてみました。その中から、比較的センスのありそうな五人を選んで、夏の俳句甲子園に出場することになったのです。

俳句甲子園というのは愛媛県松山市で始まった大会で、高校生が五人で一チームを作り、相手校と戦う俳句のイベントです。一つの兼題《けんだい》(俳句に詠み込むお題の季語や字)で選手一人ひとりが一句ずつ提出し、先鋒《せんぽう》・次鋒《じほう》・中堅・副将・大将の順に、相手の句と対戦してゆきます。さらに、相手の句に対して、どうしてこのような表現にしたのかなどの質疑をし、相手がこれに回答するというやりとり(「ディベート」と呼んでいます)を、互いに三分ずつ行います。評価は、俳句そのものの作品点(10点満点)と、ディベートにおける鑑賞力に対して与えられる鑑賞点(1～2点)の合計で行われます。複数の審査員が、紅白の旗を揚げ、その旗の数が多いチームがその句の勝者となります。五句勝負の場合、先に三句とったチームが、その試合の勝者になるというシステムになっています。

ちなみに、この年の開成チームは、急遽《きゅうきょ》集めたメンバーでしたから、当然のように俳句経験などまるでない生徒ばかりでした。野球部が二人、バドミントン部が一人、演劇部が二人という混成チームでした。私自身も、大学で近世の俳諧《はいかい》について学んだことはありましたが、俳句の実作はほとんどしたことがなく、全くの素人でした。その私が、五人の未経験生徒を引き連れて、夏の松山に向かったのです。

松山市は、「俳都」を自称しています。正岡子規をはじめ、高浜虚子《きょし》、中村草田男《くさたお》など、近代俳句を築き上げた俳人を多数輩出している町です。そうした土壌もあって、松山の青年会議所と俳人の夏井いつきさん（テレビで活躍しています）が中心になって、俳句甲子園は一九九八（平成一〇）年に始まりました。開成が初参加した二〇〇一年は第四回大会で、初めて全国から参加校を募って行われた年でした。そのため初出場の学校が多く、俳句やディベートのレベルもそれほど高くはありませんでした。開成も初出場で未経験者ばかりではありましたが、くじ運も良かったのか、あれよあれよと勝ち進んで、ついに決勝戦まで進んでしまいました。
決勝戦の相手は、地元の県立松山東高校でした。松山東は、旧制松山中学で、正岡子規のもう一つの母校でもあります。子規は、松山中学を中退して上京した後、東京の共立学校(開成の前身)に入学しました。また、旧制松山中学は夏目漱石が一年間教鞭をとった学校で、そのことは小説『坊っちゃん』に描かれて、広く知られています。その松山東の主将を務めていたのが、今では若手俳人として大いに活躍している神野紗希さん(当時高校三年生)です。その神野さんの句が、開成との決勝戦の四句目に出てきました。

カンバスの余白八月十五日　　神野紗希

「第4回俳句甲子園」、『星の地図』

この句には舌を巻きました。季語の「八月十五日」は、言うまでもなく終戦の日です。油絵を描こうと思ってカンバスに向かっている作者ですが、どうしても描ききれない余白が残ってしまいます。その余白に、若い世代が戦争について語りきれないもどかしさが重ねられている句です。高校生が実に平易な言葉で、これだけ立派な句を作れることに、私は驚嘆しました。当然、開成は松山東に惨敗。初めての俳句甲子園は準優勝という結果に終わりました。

ちなみに、神野さんのこの句は、この年の俳句甲子園の最優秀句にも選ばれました。そして、この句との鮮烈な出会いが、私を俳句に目覚めさせるきっかけとなってくれたのです。

2 負けたままでは終われない

翌二〇〇二(平成一四)年も、開成高校は俳句甲子園に出場しました。一年目に参加したメンバーの一部が入れ替わり、二年生三人と一年生二人というチーム編成で松山に向かいました。前の年に、図らずも準優勝してしまったことで、選手たちの中には今年も何とかなるだろうという甘い考えがあったかもしれません。それほど真剣に取り組むこともなく、本番を迎えました。そういうときにはくじ運も悪いもので、初戦から強豪の松山東にあたってしまったのです。神野紗希さんはもう卒業していましたが、後輩の佐藤文香さん（現在も俳人として活躍しています）が率いる松山東は準備万端で臨んだのでしょう。その年も別格の句をそれぞれが作っていました。開成は惨敗を喫してしまい、この年の俳句甲子園はあっけなく終わりました。

このとき、真っ暗な顔をして落ち込んでいたのが、キャプテンを務めていた二年生の山口優夢《ゆうむ》君です。そんなに努力して準備してきたわけではないのに、勝てなかったことが悔しくて仕方ない様子でした。その姿を見て、大会の後、優夢君ほか参加した二年生三人を呼び、この後どうするつもりか、気持ちを聞きました。来年、高三の夏に再チャレンジするつもりがあるのか、それとも俳句甲子園はこれで終わりにして受験勉強に専念するのか、三人の意志を確かめたのです。開成は、多くの生徒が難関大学を目指す進学校ですので、大半の部活は高校二年の秋で現役を引退するのです。高三の夏まで俳句を続けるというのは、それなりの覚悟が必要な決断でした。しかし、優夢君をはじめとした三人は、「是非来年も俳句甲子園に出たい」と口をそろえて答えました。このままでは終われない、という気持ちが強かったようです。「それならやろう、やるからには優勝を目指して頑張ろう」

と私も応じました。こうして、三年目に向けた挑戦が始まったのです。

これまでの寄せ集めチームは、俳句同好会と名前を変え、週に二、三回の句会を定期的に行うようになりました。句会というのは、それぞれが作った俳句を持ち寄り、それを無記名で清書した紙を回しながらどの句が良いかを選んでゆき、それを互いに鑑賞し合う、俳句の最も基本となる活動です。これを定期的に行うことによって、句作力ばかりでなく、俳句甲子園で必要とされる鑑賞力も身についてゆくのです。

また、月に一回程度は吟行《ぎんこう》に出かけるようにもなりました。吟行とは、外へ出て実際の季語を見ながら俳句を作ることを言います。これによって、対象をしっかり見て描く写生眼が養われるようになります。さらに、夏休みには合宿もして、俳句甲子園に向けてのディベートの練習をみっちり行いました。他校の過去の作品などを例に、どのような質問をするのが効果的かを研究したり、自分たちの用意した句の良さをどうアピールしたらよいかを繰り返し練習しました。開成の生徒たちは、良くも悪くも負けず嫌いなところがあるのです。何としても俳句甲子園で優勝したいという思いが、チームの原動力になっていました。

こうして二〇〇三(平成一五)年八月、優夢君を主将とするチームは、三度目の松山に向かったのです。一年間、じっくり取り組んできた成果は確かなもので、俳句そのものも鑑賞力も、それを表現する力も、これまでとは見違えるほど成長していました。とはいえ、ところどころ危ない試合もないわけではありませんでした。それでも何とか勝ち上がり決勝戦へ駒を進めました。そして決勝では三重県の高田高校を破って、念願の初優勝を遂げたのです。

嬉しいことは、さらに続きました。表彰式では、個人賞の表彰も行われるのですが、そこで優夢君の句が何と最優秀句に選ばれたのです。

小鳥来る三億年の地層かな　　山口優夢

「第6回俳句甲子園」、『残像』

「小鳥来る」は秋の季語で、小型の渡り鳥が大陸から日本に渡ってくることを言います。一方、作者はいま「三億年の地層」がむき出しになったところを見ています。はるかな地球の歴史、その中で繰り返されてきた動物たちの営み。壮大な時間と空間のスケールが相まった一句です。

このチームに腰を据えて付き合ったことが、私自身にも火をつけました。すでに俳句は作り始めていたのですが、いよいよ居場所を定めて、俳句甲子園の審査員でもある中原道夫先生が主宰する俳句結社「銀化」に入会しました。私自身もどちらかと言えば負けず嫌いな方なので、俳句同好会の顧問として、生徒よりも自分の方が少しでも良い句を作りたいと思っていました。そのためには、まず自分自身が俳句をしっかり学ばなければならないと思ったのです。以来、毎年二千句以上は俳句を作り続けています。

ちなみに、山口優夢君は高校を卒業後、大学でも俳句を続け、大学院時代の二〇一〇(平成二二)年に角川俳句賞という大きな賞を受賞しました。今では新聞記者として活躍しています。

3 挑戦は続く

翌二〇〇四（平成一六）年の俳句甲子園は、開成高校は準優勝という結果でした。決勝戦まで進んだものの、僅差で兵庫県の甲南高校に敗れたのです。

この大会で、開成のブロックの審査をしてくれたのが、私と同じ「銀化」の同人である俳人の櫂未知子《かいみちこ》さんでした。そして、この大会をきっかけに、櫂さんには開成の句会の指導を定期的にお願いすることになりました。櫂さんは短歌からスタートして俳人になられた方で、非常に華やかな俳句を発表されていました。また、どこか私と通じ合う教員のような魂を持っており、若者を伸ばすために労力を惜しまれない方です。開成の俳句がもっと魅力的なものになるために、櫂さんの指導が是非とも必要に思われたのです。櫂さんとのこの出会いは、後に私の俳句人生を大きく変えてゆくことにつながるのですが、そのときはまだ知る由《よし》もありませんでした。

さて、開成はその後、二〇一九（令和元）年の時点まで連続十九回、俳句甲子園に出場しました。このうち、優勝が十回、準優勝が四回という成績を挙げています。最初の頃は、松山東高校を追いかける立場だったのが、いつの間にか常勝軍団と呼ばれ、「打倒開成」が俳句甲子園の合言葉のようになってゆきました。ですから、俳句甲子園では、開成は常にアウェーな戦いを強いられているのです。これは結構つらいことで、選手たちは毎年そのプレッシャーと闘いながら、壇上に立っています。私自身も、緊張のあまり食欲がなくなって、東京に帰ってから胃潰瘍《いかいよう》が見つかったこともありました。

また、近年では地方予選突破もハードルが高くなってきています。二〇一八（平成三〇）年の東京予選では、開成は二チーム出場したものの立教池袋高校に敗れ、投句応募審査の枠で一チームが本選出場を決めました。この年のキャプテン・渡辺光《ひかる》君は真面目すぎるぐらいの生徒で、いつもプレッシャーに押しつぶされそうになっていました。だからこそ、全国大会で光君のチームが準優勝できたことは、優勝にもまさる喜びだったのです。

清らかに星積もりゆくケルンかな　　渡辺光

「第21回俳句甲子園」

ケルンとは、登山者が頂上に石を積み上げてできた塚のようなもので、夏の季語です。そこに夜は星が積もってゆくというこの句には、純粋で真っ直ぐな光君の性格がよく表れています。常勝軍団の重い看板を背負い、アウェーの雰囲気の中で、それでも素晴らしいパフォーマンスをすることで結果を出してゆく。この貴重な体験が、一人ひとりの生徒を大きく変えてゆくのです。その姿を見るのがやみつきになって、私は毎年、暑い松山に通い続けています。

4 俳句が自信になる

開成の俳句同好会は、二〇〇八(平成二〇)年に部に昇格し、今では二十五名程度の高校生と中学生が活動しています。これまで多くの生徒が俳句部を巣立ってゆきましたが、その中でも最も大きく成長した生徒の一人は、小野あらた君です。

あらた君が俳句部に入ったのは、二〇〇五(平成一七)年の終わりごろでした。当時、中学一年生だったあらた君は、何をするにも自信がなさそうで頼りない感じの少年でした。

目から鼻へ抜けるような先輩たちに囲まれて、言わばマスコット的存在としてかわいがられるうちに、「あらら」という俳号で呼ばれるようになりました。

俳人の多くは、本名とは別の俳号を名乗っています。ちなみに私の「郁良」という名も俳号ですし、あらた君も本名は全く違う名前です。本名とは別のもう一つの名前を持てることも、俳句の魅力の一つと言えるかもしれません。そして、俳人同士は互いを俳号で呼び合うのが普通で、苗字ではあまり呼びません。本書でも、特に若い俳人のことは、親しみをこめて俳号で記しています。

さて、あらた君ですが、決して飲み込みの早い方ではなく、俳句の上達もゆっくりしたペースでした。学年の先生に聞いても、同じような印象を持たれているようでした。

そのあらた君が、高校一年の年に初めて俳句甲子園に出場することになったのです。この年は、三年生を中心とするAチームと、一年生ばかりのBチームの計二チームが出場しました。本来ならばAチームが優勝を目指すところが、初日の予選リーグでまさかの敗退となってしまったのです。こうなると、あらた君たちのBチームは負けていられません。一年生ばかりとはいえ、俄然《がぜん》、力が湧いてきました。危ない試合を一つひとつものにして、ついに優勝してしまったのです。その大会の決勝戦に出されたのが、次の一句です。

絵も文字も下手な看板海の家　小野あらた

「第11回俳句甲子園」、『毫』

何も難しいことは言っていません。しかし、誰の記憶の中にも残っている「海の家」のイメージが、この句の中に過不足なく描かれていると言えるでしょう。審査員の評価も10点、9点という高得点が並び、開成Bチームの優勝に大きく貢献しました。

この句が高く評価されたことで、あらた君自体が大きく変わりました。それまで、どちらかと言えば自分に自信を持てずにいたのが、地道に努力し続けた俳句が認められたことによって揺るぎない自信を手に入れたのです。何も立派な俳句を作る必要などない。平易な言葉でユニークに対象を描くことができれば、それは押しも押されもせぬ一句であり、自分はそういう俳句を目指そうと決めたのではないかと思います。

その後、高校二年から三年にかけて、あらた君の俳句はどんどん面白くなってゆきました。「海の家」の句と同様、平易な言葉で対象を描く写生句を中心に、独自の世界を築き上げていったのです。そして、高校三年の秋には、三十歳以下を対象とする石田波郷新人賞を受賞。大学入学を契機に、それまでの「あらら」から名前を変え、俳人・小野あらたへと脱皮を遂げたのです。

あらた君は、決して器用な生徒ではありませんでした。はっきり言えば、不器用な生徒だったと言ってよいでしょう。成績が優秀でスポーツも得意、楽器も演奏できるという生徒は、ついついいろいろなことに手を出して、どれも中途半端に終わってしまうことがあります。あらた君は、そうではありませんでした。だからこそ、俳句に一途に打ち込んで、頭ひとつ抜け出すところまでゆくことができたのかもしれません。

高校卒業後、あらた君は大学でも俳句を続け、系列の高校の生徒たちにも俳句を指導し、そのチームを俳句甲子園に出場させるまでに導きました。さらに、就職した後も、サラリーマン生活のかたわら俳句をがんばって続けています。二〇一七(平成二九)年には、第一句集『毫』を二十四歳の若さで出版。この句集で田中裕明賞を受賞しました。今では、開成俳句部の後輩たちの目標となる存在になっています。

5 俳句部の四季

さて、ここで開成俳句部の一年間をご紹介しましょう。俳句甲子園で常勝軍団と呼ばれる生徒たちは、普段どんな活動をしているのでしょうか。

俳句部が一番おだやかなのは、秋から冬にかけてです。この時期は、週に二、三回の句会を行っています。句会では、兼題(事前に作ってくるお題)のほかに、雑詠《ざつえい》(自由題)を何句か持ち寄り、さらに席題《せきだい》(即興で作るお題)で句を作ります。この他に、固有名詞を必ず入れる、オノマトペ(擬声語や擬態語)を必ず用いるなど、課題句を課す場合もあります。このような句会を繰り返す中で、句作力の向上と選句力を養ってゆきます。

吟行や嘱目《しょくもく》による句会も行います。嘱目というのは、実際に季語を目の前にして句を作ることです。例えば、開成俳句部は和室で句会を行っているのですが、和室の障子を貼り替えるのも年中行事になっています。「障子貼る」は秋の季語ですので、自分で体験した上で、それを句にするのです。他にも、吟行で紙漉《かみすき》体験を行ったり(「紙漉」は冬の季語)、生徒たちの経験の抽斗《ひきだし》を増やすよう心がけています。

しづかなる呼吸に満ちて紙漉場　　佐伯冴人《さえと》

未発表

この句は、当時中学一年生だった冴人君の句。紙漉場の静けさと、職人さんの集中した姿が見えてきます。春に入部してきた中一も、冬ごろにはずいぶん立派な句を作れるように成長します。

年末には、毎年恒例の冬合宿が行われます。京都の旅館に二泊して、奈良・京都・琵琶湖などを巡り、関東では見られない風景を句に詠んで、深夜まで句会を行います。この合宿でも、京都の和菓子屋さんで練切《ねりきり》を作る体験をしたり、奈良の酒蔵《さかぐら》で日本酒を醸造する過程を見学したりなど、普段できない経験を積むことを重視しています。俳句甲子園の勝敗とは関係なく、純粋に俳句を楽しむことのできる冬合宿は、生徒にとっても一番楽しい合宿のようです。

年が明けると、俳句甲子園に向けたチーム編成が発表されます。新しいチームの初戦は、三月の合同句会と俳句バトルです。合同句会は、開成が主催して十数年続けている句会で、全国の高校生が開成に集まって来て、八十人ほどの大人数で句会を行います。その後、「俳句バトル」と銘打って、俳句甲子園形式の試合を行っているのです。新しいチームの中で、ディベートの担当をどう割り振るのかなど、この試合を通して調整をしてゆきます。

四月になると、俳句甲子園の地方予選の兼題が発表され、いよいよ俳句甲子園シーズンが始まります。春合宿は、都内のホテルで一泊二日の日程で行います。ここで、一気に予選の句の詠み込み(兼題を入れて句を集中的に作ること)を行います。さらに、できあがった句について、今度はディベートの練習を重ね、六月の地方予選に臨むことになります。

六月の地方予選が終わると、すぐに全国大会の兼題が発表されます。全国大会は、提出しなければならない句の数も多いので、詠み込みも一気には進みません。期末試験の終わった後に一泊二日の合宿を行い、ここで深夜まで粘って俳句を作ります。これと言った句がなかなかできない生徒にはつらい合宿ですが、夜中まで粘った翌朝の句会で、ようやく納得の一句が決まることもしばしばあります。

生まれし日の記憶どこにもなく泳ぐ

永山智郎《ともろう》

「第17回俳句甲子園」

泳ぐという行為に自分の生命のルーツを探り当てたいという焦燥感《しょうそう》を重ね合わせた、この青春性あふれる句は、二〇一四(平成二六)年の大会の決勝戦に出されたものですが、これも、まさにそうしたぎりぎりの苦悶《くもん》の末に生まれた一句でした。

句が決まった後は、再びディベートの練習です。ディベートの前提は、まず自分たちの句をチームの中でじっくり読み合い、共通の理解を作ることです。対戦オーダーに入った三十数句について、まずは生徒たちだけで読み合う時間をとります。これだけでみっちり二日間はかかります。その後、私を交えて最初のディベート練習。ここで、私からいろいろと質問や指摘をし、生徒たちは自分の読みを修正したり深めたりしてゆきます。これにも、まる二日間はかかります。さらに、二周目、三周目とディベート練習を繰り返し、細かな役割分担や言葉づかいなどを修正して本番を迎えるのです。

そして、いよいよ八月の俳句甲子園。初日は、松山の大街道商店街に八つの特設会場が設けられ、ここでリーグ戦三試合とトーナメント一試合を戦います。夏の松山はとにかく暑いので、外での一日中の試合は、若い生徒にもかなりこたえるようです。二日目の決勝リーグと決勝戦は、市内のコミュニティーセンターで行われます。優勝旗を目指してがんばってきた三年生にとっては、ここが最後の大舞台。勝って泣き、負けて泣き、これまでさまざまなドラマがこの舞台で繰り広げられてきました。

高校三年生の引退試合として行われるのが、九月の文化祭です。文化祭では、東京や近県の学校を招待して交流戦を行っています。高三が抜けると、普段の活動場所である和室も少しさびしく感じられるようになりますが、再び障子を貼り替えて、新しい一年がスタートするのです。

6 一歩を踏み出す

俳句甲子園も、一九九八年の第一回開催からすでに二十年を過ぎました。私が最初に引率した第四回の頃は、俳句のレベルも決して高くはなく、各校の実力にもばらつきがありました。だからこそ初出場の開成高校が準優勝できたのです。

しかし、二十年の間に俳句甲子園に出される句の質は、飛躍的に向上しました。同時に、鑑賞力を競うディベートの内容も、相手を批判するばかりの攻撃的なものから、互いの句を読み合い高め合おうとする建設的なものへと変化してゆきました。これは本当にすばらしいことで、二十年続けたことの大きな成果だと思っています。

これは、それぞれの学校で、長年にわたり指導を続けている先生方の努力の賜物《たまもの》と言えるでしょう。また、かつて活躍した先輩たちが後輩を指導しに帰ってきてくれることも大きいと思います。そうした積み重ねが、俳句甲子園全体を成長させていったのです。

その一方で、私がずっと気になっていたことは、せっかく高校時代に俳句と出会ったのに、大学で俳句をやめてしまう若者が多いことでした。大学によっては、俳句会が活発に活動しているところもありますが、そうでない場合は大人と同様に結社（主宰と呼ばれる俳人の作っている雑誌）に所属しなければなかなか俳句は続けられません。ただ、結社に入るということは、その主宰に師事し、指導を受けるということでもあるので、一度入れば簡単には辞められませんし、そもそもどの先生につくのかを選ぶのが、若者にとっては大きな悩みの種だったのです。

開成俳句部の卒業生を見回しても、先に紹介した山口優夢君や小野あらた君のように、結社に入って俳句を続ける卒業生は、必ずしも多数派ではありませんでした。高校卒業とともに俳句をやめてしまうのは何とももったいないことです。どうにかして卒業後も俳句を続けてほしい、そのための受け皿を作れないものかという思いが、私の中で次第に大きくなってゆきました。

この思いに応えてくれたのが、「銀化」の先輩で開成俳句部の指導もしてくださっていた俳人・櫂未知子さんでした。私が櫂さんに提案したのは、既存の結社誌とは違う、若手を中心とした同人誌を作ることでした。結社誌は、いわゆる職業俳人(章末コラム参照)が主宰を務めている場合が多いので、会費によって主宰の収入を確保しなければなりません。一方、同人誌は志を同じくする俳人が集まって作る雑誌のことを言います。櫂さんと私は指導はするけれど、指導費はもらわないようにし、その分会費を安く抑える。これならば、若い人たちにも広く門戸を開けるのではないかと思ったのです。櫂さんには、すでに十年近く若者たちの俳句指導を通じてその様子を理解してもらっていたので、私の思いを共有していただけたのだと思います。

こうして二〇一三(平成二五)年九月、櫂さんと私を共同代表として、同人誌「群青」が創刊されました。「群青」には、開成俳句部のOBを中心とした若手のほか、俳句甲子園を経験した各地の若者が入会してくれました。さらに、櫂未知子さんの指導している句会から多くの大人たちも参加してくれ、およそ二百人の仲間が集まってスタートしました。

「群青」の創刊後は、開成俳句部でも俳句を続ける卒業生が圧倒的に多くなりました。後に、小野あらた君が指導していた慶應義塾湘南藤沢高等部のOBも何人か加わり、その一人である小山玄黙《げんもく》君は、現在「群青」の編集長を務めてくれています。こうして若手が増えてくると、その中で競争や切磋琢磨が自然と生まれてきます。創刊五周年を迎えた二〇一八年には、小野あらた君が田中裕明賞を受賞したほか、小山玄黙君の星野立子新人賞受賞など、「群青」の若手が数々の賞を受賞してくれました。櫂さんと私の目指したものが、ようやく実を結んできたのです。

俳句甲子園から始まった私の俳句人生は、「群青」という場を作ったことで、また新たな段階に入っています。開成での俳句指導は今も変わらずやっていますが、その先の大学生・社会人の指導も、今は大きなウェイトを占めています。俳句との出会いが偶然だったことを思うと、人生は本当におもしろいと思ってしまいます。

さて、開成俳句部には、毎年必ず数人の新入生が入ってきます。その動機はいろいろで、「テレビで俳句甲子園を見て面白そうだと思ったから」という正統派もいれば、「先輩や友達に誘われたから」という消極的な理由で入部する生徒もいます。ただ、不思議なもので、一度俳句に触れてみると、大半の生徒が俳句の面白さにはまってしまうのです。今の時代、他にも面白い娯楽がたくさんあるというのに、これはどうしてでしょうか。

思うに、自己を表現したいという欲求は、今も昔も変わらず若者たちの中に潜在的にあるのではないでしょうか。それを実現するためには、音楽や美術、演劇などさまざまな表現方法があり、それらも多くの若者たちに支持されています。同じように、俳句も一度その面白さがわかってしまうと、自己表現の手段として若者たちの欲求を十分に満たしてくれるのだと思います。

さらに、「はじめに」に記したように、俳句は比較的手軽な文芸でもあります。何となくお年寄りくさいという偏見さえ捨てられれば、若者にも大いに楽しめるのです。俳句甲子園が二十年以上続いてきたのも、こうした理由からではないかと思っています。

　俳句を始めるきっかけは本当に人それぞれで、私のように俳句が向こう側からやって来た例もあれば、俳句甲子園出場を機に俳句を始めた若者も多くいます。皆さんにとっては、この本を読んだことが俳句を始めるきっかけになるかもしれません。

　俳句を始める年齢もまた、人それぞれです。私の場合は、三十二歳で俳句に出会いましたが、これはプロの俳人としてはやや遅い方だと思います。十代から俳句に触れている若者を見ると本当にうらやましく思いますが、これは致し方ありません。俳句に出会うのが何歳であっても、決して遅すぎるということはないのです。

　この本の読者が若い方であればなおさらですが、少し年齢が上の方でも、俳句の世界へ是非一歩を踏み出していただきたいと思います。

　ここまで、私自身の経験を中心に書いてきましたが、いよいよ俳句を始めようとしたとき、最初にぶつかるのが、「どういう俳句がいいのだろう？」という素朴《そぼく》な疑問です。つまり、俳句をどう鑑賞したらよいか、まずそこにつまずいてしまう人が多いのです。鑑賞と実作は鶏《にわとり》と卵のような関係です。まずは最低限の鑑賞ができるようにならないと俳句を作ることは難しく、また俳句が作れるようになると鑑賞力も自ずとついてくるものなのです。

次の章では、俳句の入口に欠かせない鑑賞の方法について、わかりやすく説明してゆきたいと思います。

コラム「俳人って何？」

私自身は、二〇〇七(平成一九)年に第一句集『海図』を出版しました。俳句を始めて五、六年で句集を出すというのは、かなりのスピード出版だったのですが、毎年、二千句以上は作っていましたから、それなりに句が溜まっていたのです。この句集が、俳人協会新人賞を受賞し、いつしか私も俳人と呼ばれる存在になっていました。

「俳人」の定義は曖昧なところもあるのですが、単なる俳句愛好者ではなく、日常的・継続的に俳句を詠んでいる人、としておきましょう。俳句を詠む(＝作る)あるいは俳句に関する文章を書くことで原稿料などが取れる人は、一応、プロの俳人と言ってよいでしょう。俳句だけで生活している人は、これこそ本当のプロで、「職業俳人」などと呼ばれていますが、そういう人は日本中で何人もいないでしょう。俳句の原稿料などたかが知れていますし、句集を出したところでベストセラーになることはあり得ません。印税収入など、お小遣い程度でしかないのです。俳句で食べていけるのは、千人規模の結社の主宰をしている俳人ぐらいです。会員が払う句会費などが、主な収入になっているのです。

これは、今も昔も変わらないことです。例えば、江戸時代には松尾芭蕉や小林一茶などの俳人が活躍していましたが、芭蕉や一茶も自分に師事してくれる弟子たちに食べさせてもらっていたと言えます。芭蕉が全国各地を旅して回ることができたのも、高名な芭蕉を歓待してくれる各地の有力な支持者や門人がいたからなのです。

私の場合、賞をいただいたことで、一応プロの俳人にはなりましたけれど、本業はあくまでも学校の教員です。俳句で稼いだお金は俳句に使うという立場でやっています。生活のためのお金は、本業で稼ぐ。純粋に俳句を楽しむためには、このようなスタンスが一番良いのではないかと思っています。

第2章

俳句を鑑賞する

1　風景を再現する

俳句と短歌はよく似た短詩形の文学ですが、二つの間にはかなり大きな差があります。言うまでもなく、短歌は五七五七七の三十一音、俳句は五七五の十七音です。この音数の差は決定的で、短歌はその中で喜びや悲しみを直接言葉にする余裕があるのに対して、俳句にはそのゆとりがないのです。これをたとえて、短歌は音楽に近く、俳句は写真や絵画に近いという人もいます。つまり、俳句は十七音で風景を切り取った文学であると言えるでしょう。

そうは言っても、たった十七音で風景を描くのですから、事細かに描写することなどとうていできません。当然のように、省略が必要になってきます。この省略を頭の中で補って、描かれた風景を脳裏に再現することができるかどうか。これが俳句の鑑賞の第一歩であると言えるでしょう。

早速、次の句を例に考えてみましょう。

絶えず人いこふ夏野の石一つ

正岡子規《しき》

『子規句集』

季語は「夏野」、夏のひらけた野原を思ってください。旧かな遣いで書かれている「いこふ」は漢字で書けば「憩う」で、「休憩する」の意味の動詞です。もう一つ、俳句の基本的な用語を説明しておきましょう。俳句の五七五を三分割したとき、この句の場合、最初の「絶えず人」の部分を上五《かみご》、次の「いこふ夏野の」を中七《なかしち》、最後の「石一つ」を下五《しもご》と言います。

さあ、この句はどんな風景を詠んだものか、頭の中で想像してみてください。中学生に授業でこの句を鑑賞させてみると、だいたい次の二つの読みが出てきます。

A、夏野には絶えず大勢の人が休んでいる。その夏野に一つの石が落ちている。

B、夏野に沿った道に大きな石が一つある。その石に旅人が絶えず入れ替わり休んでいる。

皆さんは、どちらの読みをしましたか。文法的に、中七の「いこふ」が直後の「夏野」を修飾していると考えればAの読み、下五の「石一つ」に掛かると考えればBの読みになります。文法的にはどちらも間違いではありませんので、それだけではA・Bどちらかに決めることはできません。

問題は、どちらの読みがこの句の鑑賞としてより面白いかということです。作者がどこにいてどんな視点でこの句を詠んでいるのかを想像してみるとよいでしょう。Aの読みだとすると、この石はさほど大きな石でなくてもよいわけですから、作者自身が夏野の中に休んでいて、そのすぐ脇に一つの石を発見したという風景になります。一方、Bの読みだとすると、作者は少し離れたところから夏野道に置かれた大きな石を見ている構図になるでしょう。その石に腰かけて休んでは旅立ってゆく旅人たちを遠く眺めているという風景です。

どちらの方が、この句の鑑賞として面白いかと言えば、明らかにBの読みだと思われます。なぜなら、そうでなければ「石一つ」という下五に意味がなくなってしまうからです。Aの発見を詠むならば、「絶えず人いこふ夏野に石一つ」と助詞を変えた方が意味ははっきりしますし、そもそも発見したものが「石」である必然性が感じられません。一方、Bの読みは、多くの旅人を休ませて見送ってきた夏野の石の存在に主眼を置いた鑑賞になっています。そのように考えれば、最後の「一つ」という数詞も利いてくることがわかるでしょう。

俳句鑑賞の第一歩は、このように句に描かれた風景を脳裏に思い浮かべてみることにあります。Aの読みをしてしまった人も、ここでがっかりする必要はありません。これから多くの句に触れる中で、自然と風景が再現できるようになってゆきますので、安心してください。

2 切字の使い方を理解する

俳句の用語で「切字《きれじ》」という言葉を聞いたことのある人は多いでしょう。切字となる言葉はたくさんあるのですが、中でも三大切字と言ってよいのが「や」「かな」「けり」です。この三つの切字の使い方について、順に説明してゆきたいと思います。

（1）「や」は文字通りそこで切れる

啄木鳥《きつつき》や落葉をいそぐ牧《まき》の木々　　水原秋櫻子《しゅうおうし》

『葛飾』

この句の季語は上五の「啄木鳥」です。高い木の上で木をつつくこの鳥は、秋の季語になっています。この句では、「啄木鳥」という四音の季語の下に切字「や」がついて、ここで意味的に切れる構造になっています。イメージとしては、

啄木鳥や／落葉をいそぐ牧の木々

という感じで、中七・下五は啄木鳥とは別の情報です。「牧」とは牧場のことです。晩秋の牧場では辺りに啄木鳥の木をつつく音が響く中、木々がどんどんと葉を落としてゆく、

そんな情景を詠んだ句です。

このように、「や」という切字はその名の通り、そこで意味的に切れることを表す切字なのです。短い俳句の中に、二つの情報を効率よく詠み込むために、「や」という切字は欠かすことができません。そして、この句のように二つの情報を詠み込んだ句のことを、俳句では「取り合わせ」と呼んでいます。上五に「や」を用いたこの句は、典型的な取り合わせの句だと言えます。

では、もう少し深くこの句を鑑賞してみましょう。この句は、どんなものとどんなものの取り合わせになっているでしょうか。

皆さんが啄木鳥の存在に気付くとすれば、おそらくは木をつつくドラミングの音で認識するのではないでしょうか。つまり、上五の「啄木鳥や」は聴覚的な情報と言えます。一方、中七・下五の落葉は目で見るもの、つまりは視覚的な情報です。この句は、聴覚と視覚を取り合わせることで、晩秋の牧場の風景をよりリアルに描いているのです。

「や」を用いる場所もさまざまです。例えば、次の句は教科書にもよく引かれている句ですから、知っている人も多いでしょう。

万緑《ばんりょく》の中や吾子《あこ》の歯生え初《そ》むる　　中村草田男《くさたお》

『火の島』

季語は「万緑」、木々が緑に生い茂った様を言う夏の季語です。この句では、「や」が中七の途中に使われています。このような切れ方を中間切れと言って、

万緑の中や／吾子の歯生え初むる

のように切れています。

中七の「吾子」とは「我が子」の意味です。ようやく歯が生え始めたというのですから、まだ幼い赤ん坊を詠んでいます。では、この句はどんなものとどんなものの取り合わせになっているでしょうか。

前半の季語「万緑」は言わば自然の豊かな生命力を象徴している季語です。一方、後半

の幼な子の歯が生え始めたという内容は人間の子どもの旺盛な生命力を詠んでいます。つまり、両者をつなぐテーマは「生命力」ということになるでしょう。自然の生命力と、赤ん坊の生きる力とが互いに呼応し合っているところが、この句の最大の魅力だと言えます。「や」という切字の使い方を理解しておくだけで、俳句の鑑賞はずいぶん簡単に感じられるようになるでしょう。「取り合わせ」という用語は、この後も出てきますので、覚えておいてください。

(2)「かな」「けり」は感動を表す

次に、切字「かな」を用いた句を見てみましょう。

金亀子《こがねむし》擲《なげう》つ闇の深さかな　　高浜虚子《きょし》

『虚子全集』

この句の季語は「金亀子」、かなぶんの仲間で夏の季語です。その下の「擲つ」という動詞は、強く投げるという意味です。まずは、この句がどのような場面を詠んだものかを考えてみましょう。

ヒントは「金亀子」という昆虫の習性にあります。こがねむし、かなぶんなどの甲虫は、夜になると灯りを目がけて飛んできます。現代の都会ではちょっと考えられないかもしれませんが、昔はエアコンなどもなく窓を開け放っていましたから、家の中にこがねむしが飛び込んできてしまったのでしょう。作者はそれを捕まえて、窓の外へ強く放り投げた(=擲った)のです。さあ、その後このこがねむしはどうなったでしょうか。

それを考える上でポイントになるのが、後半の「闇の深さかな」という部分です。もし、放り投げたこがねむしが隣の家の壁にあたって鈍い音を立てたりしたら、「闇の深さ」

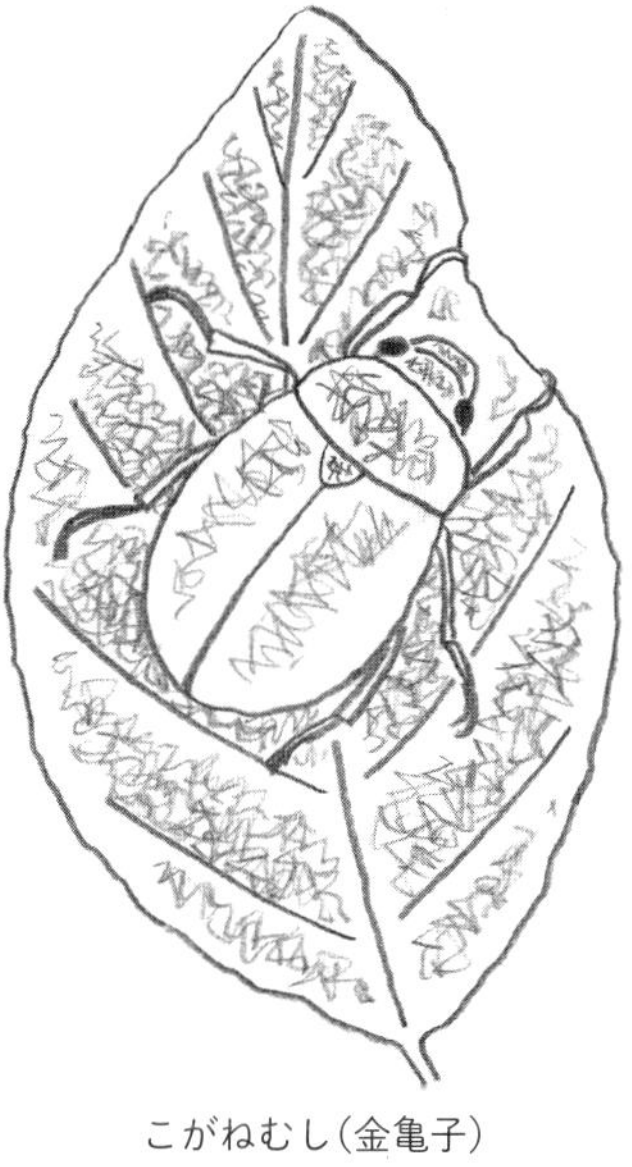

こがねむし(金亀子)

という把握にはならなかったでしょう。おそらく、このこがねむしは真っ暗な闇の中へすうっと音も立てずに消えていったのではないでしょうか。そこで気付いた夏の夜の「闇の深さ」が、この句における作者の感動の中心なのです。それを表しているのが、句末に置かれた「かな」という切字の働きです。

つまり、「かな」という切字の働きは、「や」のようにそこで意味的に切れることを表すのではなく、「かな」の使われている箇所が一句の感動の中心であることを表すことにあります。また、「や」を使って切った句の多くは「取り合わせ」の句になりますが、虚子のこの句は取り合わせではありません。上五から下五までが一つのフレーズになっていて、「金亀子」のことだけを詠んでいます。このように、季語のことだけを詠んだ句のことを「一物仕立《いちぶつじた》て」と言います。すべての俳句は、「取り合わせ」か「一物仕立て」のどちらかだと考えて差し支えありません。

続いては、切字「けり」を用いた句を見てみましょう。

いくたびも雪の深さをたづねけり　　正岡子規

『子規句集』

この句の季語は「雪」、言うまでもなく冬の季語です。まずは、これまでのようにこの句の場面を想像してみてください。

「いくたびも」は漢字で書けば「幾度も」ということですから、作者は何度も何度も雪の深さを「たづね」（＝尋ね）たのです。今どのくらい雪が積もったかを、なぜ自分で外に出て確かめなかったのでしょうか。誰かに尋ねるくらいなら、自分で確かめた方が早いはずです。そうしなかったのは、自分で確かめられない事情があったからだということに連想が働くことが、この句の鑑賞上のポイントです。

作者は怪我《けが》をしていて歩けなかったのではないか、あるいは病気で寝ていたのではないか。そんな想像が働いた人は大正解です。実は、正岡子規は晩年、脊椎《せきつい》カリエスという結核性の重い病気を患って、何年も寝たきりの生活をしていたのです。子規の看病は、ずっとお母さんと妹がしていました。そんな寝たきりの生活の中でも、子規は俳句への情熱を失うことはありませんでした。雪が降れば、硝子《がらす》戸越しにそれを見ながら、どのぐらい積もったかが気になって仕方なかったのでしょう。家族を呼んでは、何度も繰り返し雪の深さを尋ねたのです。尋ねずにはいられないその気持ちこそが、この句における感動の中心になっています。

つまり、「けり」という切字も「かな」と同様、そこに感動の中心があることを表す切字だと言えます。そして、「けり」を用いたこの句も「一物仕立て」であることがわかります。

「かな」と「けり」は、働きのよく似た切字ですが、では使い方の違いはどこにあるのでしょうか。

虚子の句で「かな」の上に来ているのは、「深い」(文語では「深し」)という形容詞から派生した名詞「深さ」です。「かな」は、多くの場合、名詞に接続する切字です。一方、子規の句で「けり」の上に来ているのは、「尋ねる」(文語では「たづぬ」)という動詞の連用形です。「けり」は、多くの場合、動詞に接続する切字なのです。

つまり、名詞に感動の中心がある場合は「かな」を、動詞に感動の中心がある場合は「けり」を用いる、というのが一般的な使い分けになっています。

ちなみに、先程の虚子の句を「けり」を使って次のように書き換えたら、印象はどう変わるでしょうか。

金亀子闇の深さへ擲ちけり

この形だと、こがねむしを放り投げたという行為に句の中心が移ることになります。「闇の深さ」は初めから作者の認識の中にあったことになってしまうでしょう。虚子の感動は、「闇の深さ」の発見にあるわけですから、これでは句の内容が大きく変わってしまうことになります。

同様に、子規の句を「かな」を使って書き換えるとどうなるでしょうか。

いくたびもたづねる雪の深さかな

この形だと「雪の深さ」に感動の中心が移ってしまいます。子規の句は、何度も尋ねずにいられない焦燥感《しょうそう》を詠んでいるのですから、やはり句の言いたいことがぼやけてしまいます。

「かな」や「けり」を用いた句を読む場合には、こんなところを気にしながら鑑賞してみてください。

3 さまざまな取り合わせ

前述のように、俳句の中に季語とそれ以外のモノ、二つのことを詠むことを「取り合わせ」と言います。切字「や」を用いていない句でも「取り合わせ」の例はたくさん見られます。

芋《いも》の露連山影を正しうす　飯田蛇笏《だこつ》

『山廬集』

この句の季語は「芋の露」(秋)です。ここでの芋は、里芋のことです。里芋の畑を見たことのある人ならすぐにわかると思いますが、里芋はスペード形のとても大きな葉を茂らせます。そこに朝露が下りているのです。「露」だけでも秋の季語になりますが、「芋の露」となると格別です。大きな里芋の葉の上に下りた小さな露が複数集まって、直径何センチもあるような大きな露の玉になるのです。これが「芋の露」という季語です。さて、この句も取り合わせだということは、一読してわかりましたか。

芋の露／連山影を正しうす

のように、上五と中七の間で切れています。「芋の露」は名詞、次の「連山」も名詞です。このように名詞と名詞が連続すると、切字「や」が用いられているのと同じ効果があって、そこで切れるのが普通です。では、この句はどんなものとどんなものの取り合わせになっているでしょうか。

作者・飯田蛇笏が暮らしていたのは、山梨県の甲府《こうふ》盆地の南側、境川と呼ばれるところです。秋のぐっと冷え込んだ朝には、近くの芋畑に大きな「芋の露」が下りていたことでしょう。遠く目をやると、八ヶ岳や南アルプスの山々が連なっている様が見えます。「影を正しうす」の「影」とは、その山々の「姿」の意味です。秋の朝の澄明な空気の中で、山々が居ずまいを正しているかのように感じられたのです。

つまり、この句は「芋の露」という近景と「連山」という遠景を取り合わせた一句だと言えます。皆さんが絵を描いたりするときも同じことを考えるかもしれませんが、遠くの景色だけを描いていると、どうにも焦点の定まらない漠然とした絵になってしまいます。そこに近景を一つ置くことで、絵に立体感が生まれてきます。俳句で風景を描くときにも、同じようなことを考えます。近景と遠景の取り合わせによって、風景に奥行きが生まれるのです。

続いて、次の句を鑑賞してみましょう。

海女《あま》とても陸《くが》こそよけれ桃の花　　高浜虚子　　『六百五十句』

この句の「こそ」は係助詞と呼ばれるもので、いわゆる係結びを引き起こす助詞です。まだ、係結びを習っていない中学生の皆さんはわからなくても差し支えありませんが、「よけれ」が結びの部分になりますので、

海女とても陸こそよけれ／桃の花

のように中七で切れることになります。季語は「桃の花」で、これは春の季語です。「桃の花」は三月三日の雛祭《ひなまつり》に欠かせない花ですが、実際に咲くのは今の暦だと四月初めごろでしょう。旧暦の三月は、おおむね今の四月にあたります。今の時代、三月に桃の花を売っている店もたくさんありますが、それは温室などで促成栽培した花です。いずれにせよ、この句は「海女」と「桃の花」の取り合わせの句になっています。

さて、この句の情景を想像してみましょう。「海女」というのは、海に潜って栄螺《さざえ》や鮑《あわび》などを獲る女性のことです（ちなみに「海女」も、俳句では春の季語になっています）。海

女は海を仕事場にしているのですから、海が嫌いでは勤まりません。そんな海女でも、やっぱり陸の方がいいんだなあ、と作者は見ているのです。四月ごろの海はまだ水温も冷たいでしょうから、陸に上がって来た海女たちは、浜で焚火《たきび》をして暖をとることがあります。作者はそんな様子を見ながら、「海女とても陸こそよけれ」と詠んだのです。

さあ、ここでこの海女が何歳ぐらいかを想像してみましょう。授業で、中学生にこの句を鑑賞させると、実にいろいろな答が返ってきます。十代、二十代という比較的若い年代を想像している生徒もいれば、五十代、六十代というベテランの海女を想像する生徒もいますが、十代、二十代という若い世代の海女を思い浮かべられた人は、なかなか良い感性を持っていると言ってよいでしょう。

その根拠となっているのが、季語の「桃の花」です。花の季語には、それぞれに内在するイメージがあって、そこから想像力を膨《ふく》らませてゆくことが大切です。「桃の花」の場合、白い花もありますが、多くは文字通り桃色です。それも濃く鮮やかなピンク色をしています。そのような華やかな色は、どちらかと言えば年配の人よりも若い人が似合います。さらに、「桃の花」は女の子の節句である雛祭に欠かせない花だという点も重要です。そう考えると、この句の「海女」は若い女性をイメージするのが、良い鑑賞だと言えます。

つまり、この句は「桃の花」という植物の季語を取り合わせることによって、上五・中七の人物像を描き出しているのです。どんな季語を取り合わせるかによって、この句の印象も大きく変わってしまいます。例えば、

海女とても陸こそよけれ梅の花

としたら、どうでしょう。ずいぶん渋い印象になって、海女の年齢もだいぶ年上に感じられるのではないでしょうか。

一句の中で、季語がどのように働いているのかを考えるのも、取り合わせの句を鑑賞する際の重要なポイントなのです。

4 俳句における写生

俳句の用語で「写生」という言葉を聞いたことのある人も多いでしょう。正岡子規が提唱した近代俳句の基本的な理念で、俳句は絵を描くように対象を言葉で描くのだとする考え方です。この「写生」という理念は、現代でもなお俳句の基本的な姿勢として受け継がれています。

そうは言っても、絵具を使って絵を描くのと、言葉を使って俳句を詠むのとでは、大きな違いがあります。その違いを考えるために、次の句を鑑賞してみましょう。

とどまればあたりにふゆる蜻蛉《とんぼ》かな　中村汀女《ていじょ》

『汀女句集』

季語は「蜻蛉」、秋の季語です。上五の「とどまれば」は、現代語だと「もし立ち止まったら」という仮定を表しますが、文語では「立ち止まったところ」という意味ですので、注意してください。中七の「ふゆる」は現代語だと「増える」の意味の動詞です。つまり、そのまま現代語に直すと「立ち止まったところ、辺りに増えた蜻蛉だなあ」という意味になるのですが、果たしてこれはどんな状況を詠んでいるのでしょうか。

この句の鑑賞に際しては、蜻蛉という昆虫の特性やその見え方の特徴を考えることが大切です。蜻蛉は翅《はね》が透き通っていて、体は細い線形、飛び方も蝶のように不規則ではなく一カ所に滞空していることの多い昆虫です。秋の夕暮れ、斜めから低い日がさしているような時間帯には、その存在に気付きにくいことがしばしばあります。

作者はおそらく秋の野道を歩いていて、何匹かの蜻蛉が飛んでいることには初めから気付いていたことでしょう。ふと足を止めて、じっと辺りを見ていると、そこにも蜻蛉がいる、あそこにもいるということに、

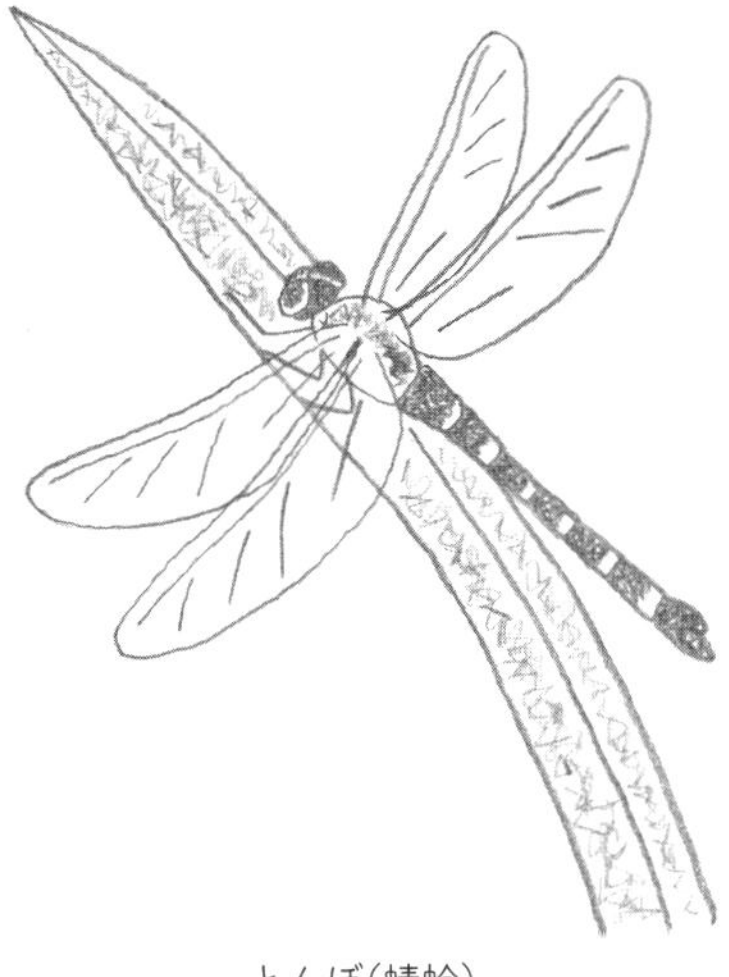

とんぼ（蜻蛉）

だんだん気付いてきたのではないでしょうか。

この句は、最初は二、三匹しかいなかった蜻蛉がどんどん数が増えて、百匹になったということを言っているのではありません。おそらく、初めからそこには百匹程度の蜻蛉が飛び交っていたのです。しかし、作者の視界に入っていたのはごくわずかで、立ち止まったことによってその数の多さに気付いたということを「とどまればあたりにふゆる」と表現したのです。

この発見の詳細を、事細かに表現することは俳句の音数では不可能です。「数の多さに気付く」と言おうとすれば十音が必要になりますが、この句ではそれを「ふゆる(=増える)」と三音に縮めて表現しています。ある意味では極端な省略とも言えますし、少し誇張した表現とも言えるのですが、たった十七音しかない俳句では、このような表現方法がしばしば用いられます。読者はそこに想像力を働かせながら鑑賞しなければなりません。

そして、このような方法こそが俳句における「写生」の典型的なやり方だと言えるでしょう。この句は蜻蛉を詠んだ「一物仕立て」の句ですが、一物の句というのは当然、季語そのものをどれだけ描けるかが重要になってきます。この句では、蜻蛉という昆虫の特性やその見え方の特徴を、「とどまればあたりにふゆる」という表現で見事に描き切っています。

5 表現技巧に注目する

俳句には、さまざまな表現技巧が使われます。俳句を鑑賞する際には、そうした表現技巧に注目しながら読むことが大切です。代表的な表現技巧について、順に見てゆきましょう。

(1)比喩を用いた句

一枚の餅《もち》のごとくに雪残る　　川端茅舎《ぼうしゃ》

『川端茅舎句集』

この句の「ごとくに」は、現代語では「ように」の意味となる助動詞です。この句の季語は「残る雪」、春になっても解け残っている雪のことで、当然春の季語です。

この句は、残雪を「一枚の餅」に喩《たと》えること、つまりは比喩によって成り立っています。比喩を鑑賞する上で大切なのは、喩えられるもの（ここでは「残雪」）と喩えるもの（ここでは「一枚の餅」）との間に、どんな共通の性質があるかを考えることです。この句の中で、作者は残雪のどんな様子を「一枚の餅」と喩えているのか、考えてみましょう。

ぱっと思いつくのは、どちらも白いということでしょうか。でも、残雪は真っ白ではなく少し汚れて黒くなっているかもしれません。餅も古くなると黴《かび》が生えてきたりしますので、必ずしも真っ白ではないでしょう。もう一つ重要な情報は、ただの「餅」ではなく「一枚の餅」に喩えていることです。ここでの餅は鏡餅のような丸い形ではなく、平べったく伸《の》した餅を想像しなければなりません。そうすると、この句における残雪の様子も見えてくるでしょう。冬の間はうずたかく積もっていた雪が、春になって雪解けが進むにつれて、だいぶ薄っぺらくなってきた様子を「一枚の」という表現で捉《とら》えていることがわかります。

一つの比喩から、どのぐらい多くの情報を読み取ることができるかが、比喩を用いた句を鑑賞する際の重要なポイントです。

(2)固有名詞を用いた句

みちのくの淋代《さびしろ》の浜若布《わかめ》寄す　　山口青邨《せいそん》

『雪国』

この句の季語は「若布」、海藻の多くは春になると成長して収穫期を迎えますので、春の季語になっています。「寄す」は現代語で言えば「寄せる」の意味の動詞で、ここでは浜にわかめが打ち寄せる様を言っています。

さて、この句の鑑賞上のポイントは「みちのく」「淋代の浜」という二つの地名、つまりは固有名詞です。この二つの固有名詞が、一句の中でどんな働きをしているかを考えてみましょう。

その前に、読者の皆さんはこの句を読んでどんな浜辺を想像したでしょうか。多くの人で賑《にぎ》わっている浜辺を思ったでしょうか。おそらく、ほとんどの人が人気《ひとけ》のないさびれた海岸を思ったのではないでしょうか。そう思わせるのが、「みちのく」「淋代の浜」という二つの固有名詞なのです。

まず、「みちのく」というのは語源的には「道の奥」、つまり現在の東北地方を指す言葉です。北海道が未開だった時代、「みちのく」は最果ての地として古い和歌などに詠まれてきました。松尾芭蕉が『おくのほそ道』で東北地方を旅したのも、そうした最果ての地へのあこがれがあったからだと考えられます。つまり、「みちのく」という固有名詞自体が、どこか都会的ではないさびれた印象を持っていると言えます。

さらに、「淋代の浜」という固有名詞が続きます。これは青森県の太平洋側にある地名ですが、実際に行ったことがあるという人はごく少ないでしょう。しかし、この地名も「淋しい」という字が入っているだけで、人気のない淋しい浜なのではないかということを十分に想像させてくれます。

青邨の句は、「みちのく」「淋代の浜」という二つの固有名詞を重ねることで、人気のない浜辺にわかめだけが打ち寄せるもの淋しい情景を描くことに成功しているのです。
俳句に用いられる固有名詞としては、地名以外に人名もあります。

父がつけしわが名立子《たつこ》や月を仰ぐ　　星野立子

『立子句集』

季語は「月」です。「月」は古来、秋が一番美しいとされているので、秋の季語になっています。作者の星野立子は、これまでもたびたび登場してきた高浜虚子の娘です。つまり、上五の「父」とは高浜虚子のこと、「つけし」の「し」は過去の助動詞で「父がつけた」という意味を表しています。

作者は縁側か庭にいて、尊敬する俳句の師でもある父・虚子のことを思いながら月を仰いで(＝見上げて)いるのでしょう。この句の中で、「わが名」とあえて言っていることを思えば、作者は「立子」という自分の名に誇りを持って、その名にふさわしい生き方を目指しているように感じられます。事実、星野立子は父・虚子の作った俳句結社「ホトトギス」から独立して、「玉藻」という新しい結社を立ち上げた女流俳人なのです。「立子」という固有名詞は、作者の自立した生き方を象徴するものとして、この句の中で存在感を発揮しています。

地名にせよ、人名にせよ、固有名詞を用いた句を読む場合には、その名が持つイメージや響きを大切にして鑑賞する態度が重要です。そうでなければ、「淋代の浜」や「立子」という具体的な名前を入れる必要がないからです。

(3) 数詞を用いた句

金剛《こんごう》の露ひとつぶや石の上　川端茅舎

『川端茅舎句集』

この句の季語は「露」、前に出てきた「芋の露」と同じ秋の季語です。上五の「金剛」とは「金剛石」つまりダイヤモンドのことですが、ここではもちろん本当のダイヤモンドではありません。一粒《ひとつぶ》の露の輝きをダイヤモンドのようだと比喩的に表現しているのです。この句は、数詞「ひとつぶ」の下に切字「や」を用いて切った後、下五で「石の上」と付けています。この句を映像的に表現するなら、読者の皆さんはどんなカメラワークにするでしょうか。

おそらく前半では、美しい一粒の露に大きくクローズアップした映像を撮るでしょう。その後、カメラを引いて石全体が映るようにし、石の上におりた露の様子を撮るのではないでしょうか。

つまり、この句の中で「ひとつぶ」という数詞は、季語でもある「露」をクローズアップして見せる効果があると言えます。

同じ「一」という数詞にも、様々な働きがあります。次の句の場合はどうでしょうか。

一月の川一月の谷の中　　飯田龍太

『春の道』

季語は「一月」（冬）、一月の川が谷の中を流れている風景をシンプルに詠んだ句です。この句に描かれた川を具体的にイメージしてみましょう。滔々《とうとう》と水を湛えて蛇行《だこう》する大河を思うでしょうか、はたまた真っ直ぐで細い川を思うでしょうか。

　ここでヒントになるのが、「一」という数詞の字面の印象です。そもそも、多くの地域で一月は川の水が涸《か》れている季節だという事実もありますが、それ以上に「一」という漢字の字面は真っ直ぐで細い形をしています。ここでの川は、やはり直線的な細い谷川を思うのがよいでしょう。もし、この句が、

　　三月の川三月の谷の中

と書かれていたら、川のイメージも大きく変わってしまうでしょう。「三」という漢字は「川」という字を横に寝かせた形をしていますし、「一」に比べて太々とした川をイメージしてしまいます。

　俳句を鑑賞する上で、数詞や字面から連想されるイメージも大切なポイントになるので

す。

（４）リフレインを用いた句

鞦韆《しゅうせん》は漕ぐべし愛は奪ふべし　　三橋鷹女《たかじょ》

『白骨』

この句の季語は「鞦韆」、ぶらんこのことです。ぶらんこは、唐の時代の漢詩で春の夜の風景として詠まれていることから、春の季語になっています。「漕ぐべし」「奪ふべし」の「べし」は、現代語で「べきだ」という意味を表す助動詞です。つまり、作者はぶらんこを漕ぎながら「ぶらんこは漕ぐべきだ、そして愛は奪うべきだ」と考えているのです。

この句の鑑賞上のポイントは「べし」という助動詞のリフレイン（＝繰り返し）にあります。この句の中でリフレインはどんな効果を挙げているでしょうか。

まず思いつくこととしては、ぶらんこを漕いでいるリズムとの類似点です。ぶらんこは、一定のリズムで行ったり来たりする遊具です。

鞦韆は漕ぐべし／愛は奪ふべし

と切って読んでみると、ぶらんこのリズムとよく似ていることがわかるでしょう。もう一つ気付いてほしいことは、作者の心情的な揺れとこの句のリズムとが重ね合わせられていることです。そもそも作者は、どうして「愛は奪ふべし」などと考えているのでしょうか。状況として想像されることは、作者の思いを寄せる男性にはすでに奥さんか恋人がいて、簡単には成就《じょうじゅ》できない恋に落ちているのではないかということです。その男性への思いを貫くためには、相手の女性から「愛を奪ふ（＝奪う）」必要に迫られているのです。しかし、そんなことをすれば、相手の女性から恨まれたり社会的に破滅してしまうかもしれません。「愛を奪いたい、でもそんなことはできない」と葛藤《かっとう》している作者の心情と、ぶらんこの動き、さらにこの句のリフレインが生み出すリズムとが一体化していると言えます。

俳句は韻文《いんぶん》です。「韻」とはしらべやリズムという意味です。リフレインが生み出すリズム感が、句の内容とどう関わっているかを考えて鑑賞しましょう。

（5）オノマトペを用いた句

をりとりてはらりとおもきすすきかな　　飯田蛇笏

『山廬集』

この句の季語は「すすき」、古来秋の七草にも数えられている秋の季語です。上五の「をりとりて」は漢字で書けば「折り取りて」、つまり作者は一本のすすきを折って手にしたのです。そのとき、作者が感じた感覚が「はらりとおもき」です。ここにはどんな発見が隠れているでしょうか。

ここでの「はらりと」はいわゆる擬態語です。擬声語や擬態語のことを総称して「オノマトペ」と言います。普通、「はらりと」と来たら下にはどんな言葉が続くでしょうか。

「はらりと垂れる」とか「はらりと撓《しな》う」と続く場合が多いでしょう。

しかし、作者はあえて「はらりとおもき(=重き)」と言ったのです。すすきが「はらりと」と言えば、垂れたり撓ったりしたのだということは言わなくてもわかりますから、そこは省略したのです。むしろ撓ったすすきに、作者は予想外の重さを感じ取ったのです。もちろん、すすきですからそんなに重いはずはありません。ですが、想像していたよりは確かな重さがあった、その発見こそが、この句の一番の眼目です。

もう一つ、この句を鑑賞する上で重要なのは、すべて平仮名で表記されていることです。平仮名は、漢字や片仮名に比べて柔らかい印象があります。この句においては、すすきのもつしなやかさ、柔らかさを表現する上で、平仮名表記も大きな効果を挙げています。

6 破調・句またがり

俳句は五七五の十七音が基本ですが、このリズムが少し崩れているケースがあります。例えば、前に挙げた星野立子の句は、

父がつけし／わが名立子や／月を仰ぐ　　星野立子

『立子句集』

のように、六七六の計十九音でできています。つまり、上五と下五がそれぞれ「字余り」になっているのです。このようにリズムが定型からはずれていることを「破調」と言います。

しかし、作者としては破調にしてでも強い思いを表したかったのだと思います。例えば、この句は、

父つけしわが名立子や月仰ぐ

と直せば、簡単に五七五に収まりますが、これでは何か物足りないものを感じてしまいます。父・虚子への敬愛の念や自らの生き方への誇りを表すには、やはり原句のように字余

りにする必要があったのです。

次の句の場合はどうでしょうか。


まさをなる空よりしだれざくらかな　富安風生《とみやすふうせい》『松籟』

この句の季語は「しだれざくら」(春)、普通の桜と違って、枝が上から垂れ下がってくることから、漢字では枝垂桜《しだれ》と書きます。上五の「まさを」は漢字で書けば「真青」、つまり真っ青な空から枝垂桜が見事に垂れ下がるように咲いている様を詠んだ句です。

この句の季語である「しだれざくら」の位置に注目してください。中七の後半から下五にまたがっていることがわかります。このような形を「句またがり」と言います。

この句を声に出して読むときに、

まさをなる／空よりしだれ／ざくらかな

と切って読んではいけません。

まさをなる空より／しだれざくらかな

のように、中七後半から下五にかけて一気に読み下すのがよいでしょう。枝垂桜の花が天空からのしかかるように咲いている様を、「句またがり」の勢いのあるリズムに乗せて読みたい句です。

一般的に、「句またがり」は定型にはない勢いを表したいときに用いられます。句の内容によっては、「句またがり」が大きな効果を挙げることを知っておきましょう。

しだれざくら（枝垂桜）

7 音韻を意識する

ぼうたんの百のゆるるは湯のやうに　森澄雄

『鯉素』

この句の季語は「ぼうたん」、これは牡丹《ぼたん》の花のことです。牡丹は、今の暦で言えば四月末から五月初めごろ、晩春から初夏にかけて咲きますが、俳句では夏の季語に分類されています。中七の「ゆるる」は「揺れる」の意味の動詞です。この句は、「百」という数詞や、「湯のやうに」という比喩も用いられています。この章で説明してきたことを総合的に考えて、この句の情景を想像してみましょう。

まず、この牡丹はどこに咲いているのか、数詞の「百」を手掛かりに考えてみましょう。百輪もの牡丹が咲いているというのですから、普通の家の庭ではなさそうです。和風の旅館の庭か、あるいは牡丹を鑑賞用に育てている牡丹園を思うのがよさそうです。牡丹は別名「花王」とも呼ばれ、古くからゴージャスな花として珍重されてきました。大ぶりな花弁は、まさしく花の王という名にふさわしいと言えます。その牡丹が、風にゆさゆさと揺れているのです。

続いて、「湯のやうに（＝ように）」という比喩が、何を表したいのかを考えてみましょう。前に、比喩を鑑賞する際には喩えられるものと喩えるものとの間に、どんな共通の性質があるかを考えることが大切だと書きました。

ここでは、「ぼうたん」と「湯」の間にある共通点を考える必要があります。ぱっと思い浮かぶことは、そのあたたかさでしょうか。牡丹の花には白いものもありますが、一番多いのはピンクがかった暖色の牡丹です。そのあたたかな色合いと、湯のあたたかさが通じ合っているようです。ある種の柔らかさも共通点と言えるかもしれません。

ぼうたん（牡丹）

熱湯は論外として、ぬるま湯は冷たい水と比べると柔らかい手触りを感じます。牡丹の花も、その大ぶりな花弁が揺れる様は柔らかい印象を与えてくれます。

もう一つ、この句の鑑賞で重要なポイントはどんな音が多く使われているかを考えてみることです。声に出して読んでみるとよくわかりますが、この句にはyの子音が多く使われています。「ゆるる」に一回、「湯のやうに」に二回、合わせて三回出てきます(傍点、筆者)。yの子音、つまりヤ行の音は、ゆったりした印象を生み出す効果があります。例えば、オノマトペで考えてみると、「ゆさゆさ」「ゆらゆら」「よろよろ」など、いずれも動きの緩慢な様子が感じられるでしょう。この句での牡丹も、小刻みに揺れているのではなく、大ぶりな花弁をゆったりとゆさゆさ揺らしている感じがします。長音が多いのも音韻上の特徴と言えるかもしれません。牡丹をあえて長音で伸ばして「ぼうたん」と言っているのもそうですし、最後の「やうに」にも長音が入っています(傍線、筆者)。長音も、この句のゆったりした印象を生み出すのに一役買っていると言えるでしょう。

前にも書いたように、俳句は韻文です。声に出して読んだときのしらべは大変重要です。子音にはそれぞれ印象の違いがあって、例えばカ行の音には「かさかさ」「こそこそ」のように乾いたイメージがありますし、サ行の音には「さらさら」「するする」のように静かでスムーズな印象があります。大事なことは、それらの子音と、句の内容がうまくかみ合っているかどうかです。「ぼうたん」の句では、ヤ行の音を多用したことが、その内容とうまく合致していると言えるでしょう。俳句を鑑賞する際には、音韻の働きにも注意してみてください。

ここまで、俳句を鑑賞するポイントについて順に説明してきました。これまで、何が良いかよくわからなかった俳句についても、その良さを味わえるようになってきたのではないでしょうか。

しかし、俳句をより深く鑑賞するためには、季語に対する理解が不可欠です。次の章では、俳句と他の文芸とを大きく区別する季語について説明したいと思います。

コラム「季語のはたらき」

第2章中で「取り合わせ」について説明しました。第3章で季語の話をしてゆく前に、次の問題を考えてみましょう。

次の二つの句は、いずれも上五の空欄に四文字の季語が入って「や」で切れる取り合わせの句になっています。空欄にどんな季語が入るかを考えてみてください。

①（　　）やいのちの果てのうすあかり

②（　　）や今も沖には未来あり

授業で中学生にこの問題を出して考えさせてみると、①の句では「蛍火《ほたるび》」や

「蜉蝣《かげろう》」などの答が多く返ってきます。いずれも「いのちの果て」という言葉から連想されるはかない動物の季語です。しかし、そうした季語を入れてしまうと、句の後半の「いのちの果てのうすあかり」というフレーズは上五の季語を説明していることになり、せっかく「や」で切っているのに二つのものを取り合わせられていないことになってしまいます。

ちなみに、①の句の正解は、

湯《ゆ》豆腐《どうふ》やいのちの果てのうすあかり　久保田万太郎

『久保田万太郎全句集』

です。季語は「湯豆腐」(冬)が入るのです。意外に思った人も多いのではないでしょうか。

作者はこれまでの人生を振り返りながら、家の食卓で湯豆腐をつついているのです。湯豆腐は、鍋料理の中でも一番シンプルで、決して贅沢《ぜいたく》な食べ物ではありません。湯豆腐には、食卓の電球の灯りがうっすらと映じているかもしれません。それを「いのちの果てのうすあかり」と詠んだのです。晩年を迎えた作者の境涯《きょうがい》が、「湯豆腐」という季語から立ち上がってきます。

同様に、②の句についても考えてみましょう。多くの中学生は、「峰雲《みねぐも》(＝入道雲)」や「夕焼」など大きくて広がりのある季語を答えてきます。もちろん、そのような季語でもこの句は成り立ちますが、「今も沖には未来あり」という明るいフレーズに対して順当すぎる取り合わせになってしまいます。このような順当な取り合わせのことを、俳句では「即《つ》きすぎ」とか「季語が近い」という言い方をして、避けるべきことだとされているのです。

②の句の正解は、

玫瑰《はまなす》や今も沖には未来あり　中村草田男

『長子』

です。「玫瑰」とはバラ科の植物で、北日本の海岸の砂地に自生しており、その赤い花は夏の季語になっています。

つまり、作者が北国の海辺に来ているということが、季語の玫瑰から読み取れるのです。南国の海と違って、北国の海はすこしもの淋しい印象もありますから、作者はもしかしたら何かしらの傷心を抱えて旅をしているのかもしれません。でも、そこに咲

はまなす（玫瑰）

いている愛らしい花にいくぶんか心を癒《いや》されて、「今も沖には未来あり」というポジティブな気持ちになったのだと鑑賞することもできます。「玫瑰」と「沖」とは、近景と遠景の取り合わせにもなっています。

①・②ともに、この句を知らなければ正解は出にくい問題ですので、間違えたからといって気にする必要は全くありません。大事なことは、一句の中で季語がどれだけ雄弁に語ってくれるかを理解することなのです。

第3章
季語の世界

1 歳時記の季節感

みなさんは、歳時記《さいじき》を手に取ってみたことがありますか。歳時記は、俳句に用いられる季語を集めた本で、俳句を詠む者にとっては欠かせないものです。文庫本サイズの手軽なものから辞書ほどの大きさの大歳時記まで、さまざまなものがありますが、共通していることは春夏秋冬と新年の五つの季節に、季語を分類しているということです。

これを今の暦にあてはめると、春は立春(二月四日頃)から五月五日頃まで、夏は立夏(五月六日頃)から八月七日頃まで、秋は立秋(八月八日頃)から十一月七日頃まで、冬は立冬(十一月八日頃)から二月三日頃までとなります。新年は冬の中に含まれますが、一月一日から十五日頃までのお正月の期間の季語は、新年の季語として独立して分類されています。

この分類は、果たしてみなさんの生活実感と一致しているでしょうか。二月はまだまだ寒い盛り、冬だと思っている人が多いのではないでしょうか。同様に、八月もまだまだ夏休みの真っ最中、暑くてとても秋だとは思えないのではないでしょうか。事実、気象庁の予報用語では、三月から五月を春、六月から八月を夏、九月から十一月を秋、十二月から二月を冬としており、歳時記の分類とは約一カ月、ずれているのです。

どうして、このようなずれが生まれたのでしょうか。そもそも立春、立夏、立秋、立冬という言葉は、一年を二十四に分けた「二十四節気」にある言葉です。二十四節気では、春夏秋冬をさらに六分割し、

春	立春	雨水《うすい》	啓蟄《けいちつ》	春分	清明《せいめい》	穀雨《こくう》
夏	立夏	小満《しょうまん》	芒種《ぼうしゅ》	夏至	小暑	大暑
秋	立秋	処暑《しょしょ》	白露《はくろ》	秋分	寒露《かんろ》	霜降《そうこう》
冬	立冬	小雪《しょうせつ》	大雪《たいせつ》	冬至	小寒	大寒

という二十四の季節に一年を分けています。およそ二週間で次の季節に移ることになります。初めて聞く言葉も多いかもしれませんが、春分・夏至・秋分・冬至の四つは聞いたこ

とがあるでしょう。一年の中で最も昼が長いのが夏至、逆に最も昼が短いのが冬至です。昼と夜の時間がほぼ同じになるのが、春分と秋分です。つまり、二十四節気は太陽の運行をもとにして作られているのです。

二十四節気では、春分を中心にして前後一カ月半ずつを春、夏至を中心として前後一カ月半ずつを夏、秋分を中心として前後一カ月半ずつを秋、冬至を中心として前後一カ月半ずつを冬と定めています。この分け方が、歳時記における季節の分類の基準になっています。

これを、私たちの生活にあてはめて考えてみましょう。立春(二月四日)頃は、まだまだ寒さは厳しい盛りですが、太陽の光はまぶしくなってきて、春の到来を感じさせてくれます。雪解けの進む地方では雪の間からふきのとうが顔を出し、都会でも梅が咲き始め、植物は確かに春の訪れを告げてくれています。古来、日本人はそうしたささやかな季節の変化を敏感に感じ取り、和歌や俳句に詠んできたのです。

同様に立秋(八月八日)頃は、昼間は耐えきれない暑さの日もありますが、夜になると風に涼しさを覚えるようになり、まもなくすると蟋蟀《こおろぎ》や鈴虫などが鳴き始めるようになりま

す。平安時代の歌人・藤原敏行《ふじわらのとしゆき》は『古今和歌集』の中に、

秋来《き》ぬと目にはさやかに見えねども風の音にぞおどろかれぬる

という歌を残しています。「秋がやって来たということは、目にははっきり見えないけれど、風の音によってはっと気づかされることだ」という意味の歌で、まさしく立秋の季節感を表しています。

「立春」のことを「春立つ」、「立秋」のことを「秋立つ」とも言いますが、ここでの「立つ」は本格的な春や秋になったということではありません。春の気配や秋の気配がかすかに感じられるようになったという意味で理解した方がよいでしょう。言わば、季節を先取りする感覚が表れていると言えます。

現代の服装選びなどもそうですが、少し季節を先取りした服装をした方がおしゃれに感じられます。それと同じような気持ちで、日本人は和歌や俳句を詠んできたのだと言えるでしょう。

もう一つ気にしてほしいことは、どうして新年の季語だけが独立して分類されているのかということです。ここには、新暦と旧暦の違いが影響しています。

旧暦と新暦はおおむね一カ月ずれていますので、旧暦の一月一日は新暦だと二月の上旬か中旬ごろにあたります。つまり、江戸時代には、お正月は立春とほぼ同時にやってきたわけです。今でも年賀状に「迎春」などと書くことがあるのは、こうした時代の名残です。ですから、江戸時代の歳時記ではお正月の季語も、春の季節に分類されていました。しかし、現代のお正月は新暦の一月、つまり冬の真っ只中にやってきます。これを春に分類することはできないため、新年の季語として独立した分類になっているのです。

今でも、地方によっては旧正月を祝うところがあります。中国や東南アジア諸国でも、新暦のお正月より旧正月の方が盛大にお祝いをしています。春の訪れを祝福する気持ちの表れと言えるでしょう。

2 さまざまな季語

歳時記を見ると、それぞれの季節の季語がさらに七つの項目に分類されています。時候・天文・地理・生活・行事・動物・植物という分類です。この分類にしたがって、いろいろな季語を見てゆきましょう。

(1)時候の季語

それぞれの季節の特徴を大きくとらえた季語を「時候の季語」と言います。前に挙げた二十四節気もすべて時候の季語に分類されていますし、「一月」から「十二月」までの月の名前、さらにその旧称である「睦月《むつき》」「如月《きさらぎ》」「弥生《やよい》」「卯月《うづき》」「皐月《さつき》」「水無月《みなづき》」「文月《ふづき》」「葉月《はづき》」「長月《ながつき》」「神無月《かんなづき》」「霜月《しもつき》」「師走《しわす》」も、すべて時候の季語です。

各季節の陽気を表す言葉も、時候に分類されています。例えば、「暖か」は春、「暑し」は夏、「寒し」は冬です。では、「涼し」は秋かというと、そうではなく夏の季語になるのです。季語の「涼し」は、夏の暑い季節の中でふっと感じられる涼しさを表す季語だからです。秋になってからの本格的な涼しさは「新涼《しんりょう》」という別の季語で表します。

では、次の季語はいつの季節かを考えてみましょう。

麗《うらら》か　長閑《のどか》　爽《さわ》やか　冷《ひ》やか　冷たし

「麗か」と「長閑」は春の季語で、穏やかな春の陽気を表します。秋のうららかな陽気は「秋麗《しゅうれい》」または「秋うらら」、冬の比較的穏やかな陽気は「冬麗《とうれい》」または「冬うらら」と言います。旧暦十月(新暦の十一月頃)の暖かな陽気は「小春」という季語でも表します。

一方、「爽やか」と「冷やか」は秋の季語になります。初夏にも爽やかな陽気の日はありますが、俳句で「爽やか」と言うと、秋の湿度の低い快適な陽気のことになるのです。

「冷やか」が秋なのに対し、「冷たし」は冬の季語になります。「冷やか」が空気全体の冷感を言うのに対し、「冷たし」は体で直接感じる冷たさを言う季語です。少しややこしく感じられるかもしれませんが、季語は微妙な身体感覚をもとに分類されているのです。

昼夜の長さを表す言葉も、時候の季語になります。例えば、「日永《ひなが》」は春の季語です。

実際に、一年で一番昼が長いのは夏至の頃ですが、生活感覚として昼が長くなったと感じるのは、やはり春でしょう。同様に、「遅日《ちじつ》」や「夕長し」も春の季語になっています。一方、「夜長」は秋の季語です。こちらも、一年で一番夜が長いのは冬至の頃ですが、生活感覚としては、やはり秋が深まってくる頃に夜の長さを実感するものです。

ちなみに「短夜《みじかよ》」は夏の季語、「短日《たんじつ》」は冬の季語です。こちらは、実際の昼夜の時間と一致しています。「短夜」は「明易《あけやす》し」、「短日」は「暮早《くれはや》し」のように言うこともあります。

長編に瀬あり淵あり明易し　　佐藤郁良

『しなてるや』

私のこの句は、長編小説を夢中になって読んでいたら、あっという間に夜が明けてしまったという夏の短夜を詠んだ句です。

時候の季語だけでも、調べてみるといろいろ面白いことに気付くでしょう。是非、歳時記を手に取って調べてみましょう。

（2）天文の季語

太陽や月、星、および気象や天候に関する季語を「天文の季語」と言います。

はじめに、風に関する季語を見てみましょう。次の季語は何と読むでしょうか。

東風　南風　野分　凩

一つめの「東風」は「こち」と読んで、春の季語になります。日本列島では、冬場は北西の季節風が吹き荒れますが、春になると冬型の気圧配置が緩んで東風が吹くようになります。これが「こち」です。

二つめの「南風」は、「なんぷう」「みなみかぜ」「みなみ」など、さまざまな読み方がありますが、和語的には「はえ」と呼びます。中でも「黒南風《くろはえ》」は、梅雨どきのじめっとした南風を、「白南風《しろはえ》」は梅雨明け後のからっとした南風を言います。

三つめの「野分」は、「のわき」または「のわけ」と読む秋の季語です。これは台風が運んでくる強い風のことです。ちなみに「台風」も秋の季語です。

最後の「凩」は「こがらし」と読み、冬の季語になります。立冬過ぎに吹く強い北風のことで、文字通り木々を枯らすことから「木枯《こがらし》」と書くこともあります。このほか、「北風」や「空風《からかぜ》」も冬の季語になっています。

次に、雨に関する季語を見てみましょう。「春雨《はるさめ》」はもちろん春、「秋雨《あきさめ》」も当然秋の季語ですが、この二つはしっとりと長く降り続く雨をイメージした方がよいでしょう。長雨と言えば、「梅雨」はもちろん夏の季語です。一方、にわか雨にもいろいろあります。「夕立」は夏の季語ですが、「時雨《しぐれ》」は冬の季語です。「時雨」は主に関西地方に見られる気象現象で、冬になって西高東低の気圧配置になると見られるにわか雨のことです。夏の夕立のように激しく降るのではなく、さっと降って上がってしまいます。

空から降ってくるものは雨ばかりではありません。「雪」は冬の季語ですが、「風花《かざはな》」や「霙《みぞれ》」「霰《あられ》」も冬の季語です。「風花」は日本海側で大雪になっているときに、その一部が風で飛ばされて関東平野などに降ってくる現象を言います。一方で「雹《ひょう》」は夏の季語です。

こちらは、夏場に積乱雲が発達したときに降ってくる氷の塊で、農作物などに被害をもたらすこともあります。

続いて、空や雲に関する季語です。次の季語は、いつの季節の季語でしょうか。

霞　朧《おぼろ》　霧　夕焼　虹　雲の峰　鰯雲《いわしぐも》　天高し

一つ目の「霞」は春の季語です。空気中の水蒸気によって、遠くの景色がぼんやりと霞んで見える現象を言います。次の「朧」も春の季語で、基本的には「霞」と同じ現象を言いますが、昼は「霞」、夜は「朧」と使い分けています。ぼんやりと霞んでいる月のことを「朧月」と言ったりもします。一方で「霧」は秋の季語です。こちらも空気中の水蒸気が原因ですが、霞よりもずっと視界が悪く、数十メートル先も見通せないような状態を言います。夏や冬にも霧は発生することがありますが、これは「夏の霧」「冬の霧」と言わなければなりません。

次の「夕焼」「虹」は、どちらも夏の季語です。「夕焼」や「虹」は他の季節にも見られますが、やはり夏が一番見る機会が多く、また長い時間見られるように思います。他の季節の夕焼は「春夕焼」「秋夕焼」「冬夕焼」、同様に虹は「春の虹」「秋の虹」「冬の虹」と詠むことになっています。

その次の「雲の峰」は夏の入道雲(積乱雲)のことで、「峰雲《みねぐも》」とも言います。雷や夕立の原因となる雲のことです。一方、「鰯雲」は秋の季語で、空高いところに刷毛《はけ》でなぞったように見える雲を言います。こちらは、雨を降らせる心配はありません。最後の「天高し」は秋の季語です。雲ひとつない秋の青空を見上げると、まさしく空の高さを実感するものです。

雲の峰

ランナーの万の心臓雲の峰　板倉ケンタ

「第20回俳句甲子園」

ケンタ君が、高校三年の時に俳句甲子園で詠んだ句です。マラソンランナーの生命の鼓動と、「雲の峰」にみなぎる自然のエネルギーとが呼応し合っています。

最後に、月や星に関する季語を見てみましょう。俳句で単に「月」と言えば、秋の季語になります。これは古来、秋の月が最も美しいとされてきたからで、他の季節の月は「春の月」「夏の月」「冬の月」と詠むことになっています。秋の月の中でも最も美しいのが「十五夜」の月で、これは旧暦八月十五日の月を言います。いわゆる「中秋の名月」のことで、単に「名月」と言えば、この月のことになります。この夜のことを「良夜」、また名月が曇りや雨で見えないことを「無月《むげつ》」「雨月《うげつ》」と言います。

中秋の名月に月見をするのはよく知られていますが、古来、日本人は年に二回、月見をしてきました。二回目が旧暦九月十三日の月で、その夜を「十三夜」という季語で表しています。十三夜の月は、満月にまだ足らない状態ですが、その完全ではない月を日本人は愛《め》でてきたのです。

星に関する季語も、多くは秋の季語です。月と同様、空気の澄んでいる秋が美しく見えるからでしょう。「星月夜《ほしづきよ》」とは、月のない夜空一面に星が輝いている夜のことを言います。星と月とが両方出ている夜のことではありませんので、注意して覚えてください。この他、「天の川」「銀河」「流星」なども、すべて秋の季語になっています。

サーカスの獣はしづか天の川　秋庭左右太《そうた》

「第19回俳句甲子園」

左右太君が、高校二年の時に詠んだ句です。静かに眠っている獣たちの頭上に、すべてを包み込むように天の川が伸びています。

（3）地理の季語

山や海、野や田畑、湖や川などに関する季語を「地理の季語」と言います。

はじめに、山に関する季語を見てみましょう。四季それぞれの山を、「春の山」「夏の山」「秋の山」「冬の山」と言うほかに、春は「山笑う」、夏は「山滴《したた》る」、秋は「山粧《よそお》う」、冬は「山眠る」という擬人化した季語でも表します。春の木々が芽吹いてきた山の様子を

「笑う」と捉《とら》えた感性は面白いですね。同様に、夏の木々が青々と茂った様子を「滴る」、秋の紅葉に彩られた様子を「粧う」と捉えたのです。冬の木々が枯れて静まり返った山は「眠る」と擬人化されました。

続いて、海に関する季語です。四季それぞれの海を「春の海」「夏の海」「秋の海」「冬の海」と言うほか、「春の波」「夏の波」「秋の波」「冬の波」も季語になっています。

同様に、川については「春の川」「夏の川」「秋の川」「冬の川」という季語がありますが、特に雪解けで増水した春の川のことを「雪解川《ゆきげ》」、夏の大雨で氾濫《はんらん》した川を「出水川《でみず》」と言います。冬は渇水期になりますので、「水涸《か》る」という季語で表します。

ちなみに「春の水」「夏の水」「秋の水」「冬の水」という季語もありますが、これは水道の蛇口をひねって出てくる水のことではなく、川や湖、池など自然の水のことですので、飲んだりしてはいけません。同様に「水温《ぬる》む」は春の季語、「水澄む」は秋の季語ですが、これも自然の水のことです。例外は、真冬の「寒の水」だけで、こちらは井戸水などの飲用水のことを言います。古来滋養《じよう》があるとされており、直接飲んだり料理に使ったりしても構いません。

田んぼに関する季語も、地理の季語に分類されています。春の田植え前の田を「春田《はるた》」、初夏の代掻《しろか》きが終わった田を「代田《しろた》」、さらに田植えの終わった田を「植田《うえた》」と言います。本格的な夏になって、稲が青々と成長してくると「青田」、「秋の田」となると稲が黄金色に実った田んぼのことになります。晩秋の稲刈りが終わった後の田は「刈田」、さらに冬になって荒れ果てた田は「冬田」と呼ばれます。

代田いま星の呼吸をしてをりぬ　　佐藤郁良

『星の呼吸』

たっぷりと水を張った「代田」に、瞬く星空が映って、静かに息をしているような風景を詠んだ句です。

冬も深まってくると、「霜柱」が立ったり「氷」が張ることもありますが、これらも地理の季語に分類されています。季語の「氷」はあくまでも自然の氷のことで、飲み物に入れたりする氷のことではありません。北国では、真冬に「氷柱《つらら》」が垂れ下がることもありますが、これも地理の季語です。春になって、積もった雪が解けだすことを「雪解」、解け残った雪を「残雪」と言いますが、これらも地理の季語に分類されています。

最後に野原に関する季語を見てみましょう。春の野はそのまま「春の野」という季語で表しますが、野焼きを行った後の真っ黒になった野を「焼野」「末黒野《すぐろの》」と言い、これも春の季語になっています。夏草が青々と生い茂った野は「夏野」、秋の草花が可憐《かれん》な花を咲かせている野は「花野」と言います。冬になって、一面の枯れ景色となった野は「枯野」と呼ばれています。

旅いつも雲に抜かれて大花野　　岩田奎《けい》

「第20回俳句甲子園」

奎君が、高校三年の時に俳句甲子園の最優秀句に選ばれた句です。秋の広々とした花野をひとりゆく漂泊の旅人の姿が想像されます。

(4)生活の季語

衣食住や農耕、遊びや学校生活、病気に関する季語を、「生活の季語」と言います。

まずは、衣服に関する季語を見てみましょう。初夏、それまでの春物の服から夏物の服に入れ替えることを「更衣《ころもがえ》」と言います。その後に着る薄手の服は「夏服」、日差しを避けるための「夏帽子」「サングラス」「日傘」なども、すべて夏の季語です。秋が深まってくると、夏物をしまって冬物の服に入れ替えますが、これは「後《のち》の更衣」と言って、夏の「更衣」と区別しています。さらに、冬に入ると防寒のために「外套《がいとう》」や「セーター」を着たりしますが、これらはもちろん冬の季語になっています。この他、「マフラー」「手袋」「冬帽子」「マスク」なども冬の季語です。「春着」という季語がありますが、これは春の季語ではなく、お正月に着る晴れ着のことで、新年の季語になっています。

次に、食べ物の季語を見てみましょう。春には、「草餅」「桜餅」のほか「鶯餅《うぐいすもち》」「蕨餅《わらびもち》」などの和菓子が出回りますが、これらはいずれも春の季語です。暑い夏には冷たい食べ物が食べたくなりますね。「冷奴」「氷菓」「心太《ところてん》」などのほか、「ソーダ水」「麦茶」などの飲み物も夏の季語になります。秋は実りの季節、「新米」や「新蕎麦」などその年に収穫された食べ物の季語があるほか、「栗飯」「松茸飯《まつたけめし》」なども秋の季語になっています。秋の夜長に夜なべ仕事や勉強をしながら食べる「夜食」も秋の季語です。冬は、温かい食べ物が恋しくなります。「湯豆腐」「おでん」などの鍋料理や、「焼藷《やきいも》」「鯛焼」などが冬の季語になっています。お正月に食べる「雑煮」は新年の季語、お節料理に欠かせない「数の子」も新年の季語に分類されています。

続いて、住居に関する季語です。夏は日差しを避けるために「簾《すだれ》」を掛けたり、外の風を入れるために「網戸」を利用しますが、これらは夏の季語。軒先に吊して涼しさを音で楽しむ「風鈴」も夏の季語です。秋が深まってくると、今度は「冬支度」をしなければなりません。「障子洗う」「障子貼る」などは「冬支度」の一つで、いずれも秋の季語になっています。冬には様々な暖房器具が活躍します。古い家であれば「囲炉裏《いろり》」や「火鉢」があるかもしれません。現代の住宅では、「暖房」「ストーブ」「炬燵《こたつ》」などを使っているでしょう。特に寒がりの人は「懐炉《かいろ》」を使うかもしれません。これらはいずれも冬の季語になります。立春を過ぎてもまだ使われている炬燵は「春炬燵」と言って、これは春の季語になります。

湖《うみ》へ向く心地障子を貼り終へて　山下真詩《まこと》

「第20回俳句甲子園」

真詩君が、高校三年の時に俳句甲子園で詠んだ句です。貼り終えたばかりの真っさらな障子に向かっていると、あたかも秋の湖のような光が感じられます。

古来、稲作が盛んだった日本では農耕に関する季語も多数あります。「種浸《たねひた》し」や「耕《たがやし》」は春の季語、「田植」や「草刈」は夏の季語です。実りの秋には「稲刈」をしますが、鳥獣に荒らされないように「案山子《かかし》」を立てたりもします。そうして、今年もたっぷり収穫できたとなると「豊年」と呼ばれます。二毛作地帯では、冬場に麦の種を蒔《ま》きますので「麦蒔《むぎまき》」は冬の季語、春には「麦踏《むぎふみ》」をし、初夏に収穫の時期を迎えます。麦畑が黄金色に色づく季節を「麦秋」と言って、これは夏の時候の季語に分類されています。

遊びやスポーツの季語も、生活の季語になります。お正月の代表的な遊びである「歌《か》留《る》多《た》」「双六《すごろく》」「福笑」「独楽《こま》」「羽子《はね》つき」などは、いずれも新年の季語です。ちなみに

「凧《たこ》」は春の季語ですので注意してください。「風船」「風車《かざぐるま》」「石鹸玉《しゃぼんだま》」「ぶらんこ」なども、ちょっと意外かもしれませんが、春の季語に分類されています。夏には「キャンプ」をしたり「登山」をする人もいるでしょう。「海水浴」や「プール」に出かける人も多いと思います。夜には「花火」を楽しんだりもしますが、これらはいずれも夏の季語になります。夏休みに行われることの多い「盆踊」は、実は立秋を過ぎていますので秋の季語になります。冬の代表的なスポーツと言えば、「スキー」と「スケート」でしょうか。この他、「ラグビー」も冬の季語になっていますし、「縄飛」や「竹馬」などの昔ながらの遊びも冬の季語になっています。

学校に関するものとしては、「入学試験」「卒業」「入学」はいずれも春の季語になっています。この他、「春休み」「夏休み」「冬休み」は、それぞれ春、夏、冬の季語になります。

最後に、病気に関する季語を見てみましょう。夏は暑さにやられて「日射病」になったり、食欲がなくなって「夏痩」をすることがあります。あまり薄着をして寝ていると、逆に「寝冷え」することがありますが、これらは夏の季語です。体調を一番崩しやすいのは、やはり冬でしょう。「風邪」を引けば「咳」や「嚔《くさめ》」「水洟《みずばな》」が出ますが、これらはすべて冬の季語です。寒さで手に「皸《あかぎれ》」や「胼《ひび》」ができることがありますが、これらも冬の季語になっています。ちなみに、風邪は他の季節にも引くことがありますが、それは「春の風邪」「夏の風邪」という季語で表します。しかし、どういうわけか「秋の風邪」という季語はありません。からっとしていて陽気の良い秋は、昔から体調を崩しにくい季節だったからでしょうか。

無為でゐることおそろしき春の風邪　　佐藤郁良

『しなてるや』

これは何年か前、春先にインフルエンザにかかってしまったときの句です。やらなければならないことがたくさんあるのに、じっと寝ていなければならないのは、大人にとって不安なことです。私はどうも貧乏性という病気にかかっているようです。

(5)行事の季語

祝日や、節句などの行事、さまざまな宗教の祭事、著名人の忌日《きじつ》に関する季語を、「行事の季語」と言います。

我が国には、一月の「成人の日」をはじめ、二月の「建国記念の日」、三月の「春分の日」など、ほぼ毎月のように祝日がありますが、これらはすべて行事の季語に分類されています。

また古来、宮中で催されてきた五節句と呼ばれる行事も、行事の季語です。この中で、現代でも広く行われているものが、三月三日の「上巳《じょうし》」、五月五日の「端午《たんご》」、七月七日の「七夕」の節句です。

上巳の節句とはいわゆる雛祭《ひなまつり》のことで、「雛祭」「雛飾り」などはいずれも春の季語です。今では、座敷に雛段を設けて「雛人形」を飾るのが一般的ですが、昔は人間の形をかたどった紙(これを人形《ひとがた》と言います)で体の穢《けが》れを祓《はら》い、それを川に流していました。現代でも、そのような古いやり方を残している地方があり、「雛流し」と呼ばれています。雛祭には「白酒」をいただき、「菱餅《ひしもち》」や「雛あられ」を供えますが、これらもすべて春の季語になっています。

五月五日は「こどもの日」という祝日になっていますが、もともとは「端午」の節句と呼ばれていました。雛祭が女の子の節句なのに対し、端午は男の子の成長を祝う節句になっています。この頃には、町中いたるところに「鯉幟《こいのぼり》」が掲げられ、座敷には「武者人形」を飾ります。また、風呂に菖蒲《しょうぶ》の茎を入れて「菖蒲湯」にします。五月五日はちょうど立夏の頃にあたりますので、これらはすべて夏の季語になっています。

七月七日の「七夕」は、秋の季語になります。新暦の七月七日はまだ梅雨のさなかで、当然夏ですが、旧暦の七月七日はもう秋になるからです。現代でも、仙台など一部の地方では、旧暦の七月(新暦の八月)に七夕を祝っています。「牽牛《けんぎゅう》(彦星《ひこぼし》)」「織女《しょくじょ》(織姫《おりひめ》)」と呼ばれる星を仰ぐには、梅雨どきの新暦七月より、旧暦七月の方が晴れる確率ははるかに高いでしょう。俳句では、「七夕」のことを「星祭」とも呼んでいます。

日本各地にはさまざまな祭がありますが、その多くが行事の季語になっています。ただ単に「祭」と言えば、これは夏の季語です。日本で一番歴史の古い祭は京都の「葵祭《あおいまつり》」で、これが五月に行われることから、夏の季語になっているのです。そもそも、夏祭の意義は、稲作中心の社会において疫病《えきびょう》や水害などの災いがないよう神に祈ることにありました。春に稲作の無事を祈願して行われる祭は「春祭」、秋に収穫を感謝して行われる祭は「秋祭」と言って、別の季語になっています。

先生の遠くに見ゆる祭かな　日下部《くさかべ》太河《たいが》

「第17回俳句甲子園」

太河君が、高校二年の時に俳句甲子園で詠んだ句です。祭の雑踏《ざっとう》の中に、普段とは違う先生の姿を見つけたのでしょう。

仏教に関する行事の季語も多くあります。二月十五日、釈迦《しゃか》の亡くなった日に行われる仏事は「涅槃会《ねはんえ》」、四月八日、釈迦の生まれた日に行われる仏事は「仏生会《ぶっしょうえ》」「灌仏会《かんぶつえ》」と呼ばれ、それぞれ春の季語になっています。お盆は今でも一般的に行われる行事で、お盆休みに帰省する人も多いと思いますが、これは「盂蘭盆会《うらぼんえ》」という仏事が一般化したものです。旧暦七月十三日から十六日にかけて先祖の霊が帰ってくるとされ、それをお迎えするために焚く火が「迎え火」、お送りするために焚く火が「送り火」と呼ばれます。送り火の中には、京都五山の「大文字《だいもんじ》」のように大規模に行われるものもありますし、「精霊舟《しょうりょうぶね》」に火を灯して流す「灯籠《とうろう》流し」も送り火の一種です。お盆は、旧暦七月の行事ですので、これらの季語はすべて秋の季語になります。お盆には、家族でお墓参りをしますが、「墓参《はかまいり》」も秋の季語になっています。

　キリスト教の行事でもっとも一般的なのは、何と言ってもイエス・キリストの誕生日を祝う「クリスマス」でしょう。「クリスマス」はもちろん冬の季語です。クリスチャンであれば、春の「復活祭」も盛大にお祝いすることでしょう。これは、イエス・キリストが処刑されてから三日目に復活したことを祝う行事で、「イースター」とも呼ばれています。二月十四日の「バレンタインデー」も春の季語として定着しました。この日

精霊舟

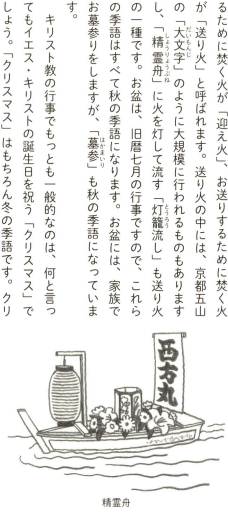

はもともと、ローマ司祭聖バレンタインが殉教したことを記念する日ですが、日本では女性から男性へチョコレートを贈る習慣が一般化し、現在にいたっています。

最後に、忌日の季語を見てみましょう。著名な俳人や小説家などの亡くなった日を「〇〇忌」と言って、これも行事の季語に分類されています。俳句の歴史の中でとりわけ偉大な存在と言えば、江戸時代では松尾芭蕉、近代では正岡子規《しき》と高浜虚子《きょし》を挙げなければなりません。芭蕉が亡くなったのは旧暦十月十二日で、新暦では立冬過ぎの十一月になることから、「芭蕉忌」は冬の季語になっています。正岡子規が亡くなったのは九月十九日ですので「子規忌」は秋の季語、高浜虚子は四月八日に亡くなったので「虚子忌」は春の季語です。

子規は三十五歳の若さで亡くなる直前に、

痰《たん》一斗糸瓜《へちま》の水も間に合はず　　正岡子規

『子規句集』

という句を書き残したことから、「子規忌」は「糸瓜忌」とも呼ばれています。死の床にあってもなお自らを写生する、子規の俳句への執念を感じさせる一句です。

（6）動物の季語

獣や鳥をはじめ、魚や貝類、昆虫などに関する季語を、「動物の季語」と言います。はじめに、哺乳類の季語を見てみましょう。身近な動物・猫はそれだけでは季語になりませんが、「猫の恋」となると春の季語になります。春の夜更けには、しばしば発情した猫が大きな声を上げているのを耳にすることがあるでしょう。そのような猫のことを「恋猫」とも言います。まもなく、猫は出産します。「猫の子」も春の季語になっています。

一方、古くから日本に生息していた「鹿」や「猪《いのしし》」は秋の季語になっています。鹿は、秋になると発情期を迎え、雄鹿が高い声で鳴くことから秋の季語になっているのです。「熊」や「狐」「狸《たぬき》」「兎《うさぎ》」などは、冬の季語になります。肉食の禁じられていた時代、冬場になると庶民は薬と称して、こうした獣たちの肉を食べていました。それを「薬喰《くすりぐい》」と言って、これは冬の生活の季語に分類されています。

次に、鳥に関する季語を見てみましょう。春を告げる鳥と言えば、やはり「鶯《うぐいす》」でしょう。その年、初めて聞く鶯の声を「初音《はつね》」と言って、これも春の季語になっています。日本人が鳴き声を愛でてきた鳥としては、もう一つ「ほととぎす」がいます。こちらは夏の季語になりますが、最近ではよほど山の方に行かないと、その鳴き声を聞くことはできなくなってしまいました。

渡り鳥の中で、夏鳥の代表は「燕《つばめ》」です。「燕」だけだと、渡ってくる季節・春の季語で、「つばめ」「つばくら」「つばくらめ」など、さまざまな読み方があります。人家の軒に巣を作って子育てをしている夏場の燕は「夏燕」、秋になって南へ帰る燕は「秋燕」という季語で表します。一方、日本で越冬する冬鳥と言えば、「白鳥」「鶴」「雁《かり》」「鴨《かも》」などがいます。このうち、「雁」は秋の季語ですが、その他はすべて冬の季語になっています。単に「渡り鳥」と言えば、渡ってくる季節・秋の季語になります。春先に渡り鳥が北へ

つばめ（燕）

帰ることは「鳥帰る」と言う春の季語で表します。

海に囲まれた日本では、魚の季語も多数あります。このうち「鰹《かつお》」は夏の季語、特にその年初めて獲れた鰹は「初鰹」と言って、昔から珍重されてきました。庶民の食卓に欠かせない「秋刀魚《さんま》」は文字通り秋の季語です。秋には、「鮭」も川を遡上してきます。さらに、冬場になると「鱈《たら》」や「鰤《ぶり》」「河豚《ふぐ》」などがおいしい季節を迎えます。日本人の食卓は、季語に満ちていると言えるでしょう。

川魚の中で最も美味なのは、やはり「鮎《あゆ》」でしょうか。「鮎」をはじめ「岩魚《いわな》」「山女《やまめ》」など、渓流の魚の多くは夏の季語です。鮎は、秋も深まると産卵のために川を下っていきますが、これは「落鮎《おちあゆ》」という秋の季語になっています。この他、観賞用の「金魚」や「熱帯魚」は夏の季語になっています。これらの美しい魚は、見ているだけで涼しく感じられるものです。

貝類では、春の季語になっているものが最も多くあります。「蛤《はまぐり》」や「栄螺《さざえ》」「浅蜊《あさり》」「蜆《しじみ》」など食卓にのぼる貝だけではなく、「桜貝」や「寄居虫《やどかり》」も春の季語です。一方、「鮑《あわび》」は夏の季語、「牡蠣《かき》」は冬の季語になっています。

最後に、昆虫の季語を見てみましょう。春になると活動を始める「蝶」「蜂」「虻《あぶ》」などは、いずれも春の季語です。「夏の蝶」と言えば揚羽蝶《あげはちょう》など飛翔力のある大型の蝶をイメージしますし、「秋の蝶」と言うと蜆蝶《しじみちょう》など小型の蝶をイメージすることが多いでしょう。蝶の多くは卵や蛹《さなぎ》で越冬しますが、成虫のまま冬を迎えた蝶を「冬の蝶」、中でも寒さにこごえたようにじっとしている蝶を「凍蝶《いてちょう》」と言います。

日本人が古来愛でてきた「蛍」は夏の季語です。夏休みに子どもたちを夢中にさせる「兜虫《かぶとむし》」や「天牛《かみきり》」「天道虫《てんとうむし》」はもちろん夏の季語、人間には厄介な「蚊」「蠅《はえ》」「ごきぶり」なども夏の季語になっています。「蚊」の幼虫の「ぼうふら」は漢字で「孑孒」と書いて、これも夏の季語です。字を見ているだけで「ぼうふら」の映像が浮かんできそうです。

夏を代表する昆虫に「蟬《せみ》」がいます。

せみ（蟬）

羽化した蟬が残した殻は「空蟬《うつせみ》」と言って、これも夏の季語になります。蟬の仲間でも、「油蟬」や「みんみん蟬」は夏の季語ですが、「蜩《ひぐらし》」や「法師蟬」などは立秋過ぎに鳴き始めますので、これらは秋の季語になっています。

原稿は白紙でみんみんが近い　　河田将《しょう》

「第16回俳句甲子園」

将君が、高校三年の時に俳句甲子園で詠んだ句です。夏休みの宿題が終わらないのでしょうか。そんな作者の耳もとで、「みんみん蟬」が盛んに鳴いています。

続いて、秋を代表する昆虫と言えば「蜻蛉《とんぼ》」でしょう。蜻蛉には「鬼やんま」「塩辛蜻蛉」「赤蜻蛉」など、さまざまな種類がいますが、いずれも秋の季語です。種類の異なる「川蜻蛉」や「糸蜻蛉」は夏の季語になっていますので、注意してください。

秋と言えば、夜に鳴く「虫」を忘れてはいけません。単に「虫」と言えば、秋の夜に鳴く虫の総称になります。「鈴虫」「松虫」「蟋蟀《こおろぎ》」「螽斯《きりぎりす》」など、古来日本人が鳴き声を愛でてきた虫は、すべて秋の季語で、種々の虫の音が盛んに聞こえてくることを「虫時雨《むししぐれ》」とも言います。

冬場になると、昆虫の活動はめっきり少なくなりますが、冬の訪れを告げる虫に「綿虫」がいます。今でも郊外の方にゆくと、白い綿状の小さな虫が空中を漂っているのを見かけることがあります。地方によっては、これが飛び始めると雪が近いことから、「雪虫」「雪婆《ゆきばんば》」などの別名で呼んでいるところもあります。

綿虫を壊さぬやうに近づきぬ　　佐藤郁良

『しなてるや』

近づいただけで、ふっと壊れて消えてしまいそうな綿虫のはかなさを詠んだ句です。

(7)植物の季語

さまざまな植物の花や果実、樹木や野菜、海藻などの季語を、「植物の季語」と言います。

春は花の季語が最も多い季節ですが、真っ先に春の訪れを告げる花と言えば「梅」でしょう。俳句で単に「梅」と言えば梅の花のことを指します。梅の実を詠むときは、「梅の実」(夏)と言わなければなりません。少し季節が進むと「桃の花」が咲き始めますが、こちらは単に「桃」と言うと桃の実(秋)になってしまいます。花を詠むときは、「桃の花」と言う必要があります。

日本を代表する花と言えば、何と言っても「桜」です。俳句には、「花」という季語がありますが、これは花一般を指すのではなく「桜」のことを指します。咲き始めたばかりの桜は「初花《はつはな》」「初桜」、満開の「花盛り」を経て散りゆく桜は「落花《らっか》」、川面に散り敷いた桜の花びらは「花筏《はないかだ》」、盛りを過ぎた桜は「残花《ざんか》」など、桜に関する季語は実にたくさんあります。古歌以来の伝統がたっぷり詰まった季語が「花」「桜」なのです。

晩春を代表する花が「藤」と「躑躅《つつじ》」です。東京では、ゴールデンウィーク前半ごろに見頃を迎えます。それからまもなく「牡丹《ぼたん》」や「薔薇《ばら》」の季節となりますが、こちらは初夏の季語になっています。梅雨どきの花と言えば、やはり「紫陽花《あじさい》」でしょう。同じ頃、

「花菖蒲」などアヤメ科の花も見頃を迎えます。梅雨が明けると、今度は「向日葵《ひまわり》」など真夏の花の季節となります。池に咲く「蓮の花」も盛夏を代表する花と言えるでしょう。

秋は、可憐な花が競い合って咲く季節です。古来、「秋の七草」に数えられているのは、「萩《はぎ》」「芒《すすき》」「葛《くず》の花」「撫子《なでしこ》」「女郎花《おみなえし》」「藤袴《ふじばかま》」「桔梗《ききょう》」の七つです。このほか、「朝顔」「コスモス」も秋を代表する花と言えるでしょう。ちなみに、「春の七草」は正月の「七草粥《がゆ》」に入れて食べる草のことで、春の季語ではなく新年の季語になっていますので、注意してください。

晩秋には「菊」が見頃を迎えます。次いで立冬を過ぎると「山茶花《さざんか》」の季節、垣根を彩る山茶花の花は冬の訪れを感じさせてくれます。真冬は花の少ない時期

秋の七草

ですが、「寒椿《かんつばき》」や「臘梅《ろうばい》」が街を彩っています。年が明けると、気の早い梅が咲き始めますが、立春前に咲く梅を「早梅《そうばい》」と言っています。こうして四季が循環してゆきます。

続いて、果実の季語を見てみましょう。梅雨どきの果物と言えば、「枇杷《びわ》」と「さくらんぼ」でしょうか。しばらくすると、「メロン」「胡瓜《きゅうり》」などウリ科の果実が出回るようになります。同じウリ科の果実でも、「西瓜《すいか》」や「南瓜《かぼちゃ》」などは秋の季語になりますので、注意が必要です。

果物の種類が最も多いのは、やはり秋です。「桃」「葡萄《ぶどう》」「梨」「柿」「林檎《りんご》」「檸檬《れもん》」などは、すべて秋の季語になっています。冬場の果物の代表は「蜜柑《みかん》」でしょう。炬燵に入りながら蜜柑を食べるのは、もはや日本の冬の定番になっていますね。クリスマスの頃には「苺《いちご》」が出回り始めますが、この季節の苺はみな温室栽培で、露地ものの苺は初夏にならなければ出回りません。「苺」は夏の季語ですので注意してください。

林檎昏《くら》し匣《はこ》が不自由ならば出よ　　筏井遙《いかだいはるか》

「第19回俳句甲子園」

遥君が、高校二年の時に詠んだ句です。箱にきれいに詰められた「林檎」を見て、作者は自分自身の感じている不自由さを重ね合わせたのかもしれません。

次に、樹木に関する季語を見てみましょう。「木の芽」は春の季語、「柳の芽」「楓《かえで》の芽」など個別の植物の芽を詠むこともあります。「新緑」や「若葉」は初夏の季語、この季節の木を「新樹」と言ったりもします。もう少し夏が深まると、「万緑《ばんりょく》」や「青葉」の季節を迎えます。こんもりと茂った木の蔭は「緑蔭《りょくいん》」や「木《こ》下闇《したやみ》」と呼ばれ、ほっとできる空間を提供してくれます。

秋が深まってくると、今度は「紅葉」の季節です。色づき始めを「初紅葉《はつもみじ》」「薄紅葉《うすもみじ》」と言うほか、「柿紅葉」「櫨《はぜ》紅葉」など個別の木の紅葉を詠むこともあります。冬になってもまだ紅葉しているものを「冬紅葉」とも言いますが、まもなく木の葉をすべて散らして「枯木」となります。「落葉」や「枯葉」も冬の季語になっています。真冬の木は、よく見るとたくさんの芽をつけています。これが「冬芽《ふゆめ》」で、まもなくまた芽吹きの季節を迎えるのです。

最後に、野菜や海藻の季語を見てみましょう。「蕨《わらび》」や「薇《ぜんまい》」、「蕗《ふき》の薹《とう》」などの山菜類はいずれも春の季語です。葉物野菜のうち、「白菜」は冬の季語、「菠薐草《ほうれんそう》」「レタス」は春の季語、「キャベツ」は夏の季語になります。夏野菜は、「トマト」「茄子《なす》」「胡瓜」など、果実を食するものが中心になります。秋になると、「馬鈴薯《じゃがいも》」や「甘藷《さつまいも》」「山芋」など芋類がたくさん出回ります。「松茸」や「占地《しめじ》」など「茸《きのこ》」の仲間も、ほとんどが秋の季語です。そして冬は「大根」や「人参《にんじん》」など根菜のおいしい季節、「蕪《かぶ》」や「葱《ねぎ》」も冬の季語です。ちなみに、「若布《わかめ》」「鹿尾菜《ひじき》」「海雲《もずく》」「海苔《のり》」など、大半の海藻は春の季語になっています。春になって成長を始めた頃が、柔らかくておいしいからでしょう。

うす青き雪の色して京蕪《きょうかぶら》　佐藤郁良

『しなてるや』

みなさんの家の台所にも、たくさんの季語があるはずです。是非一度、台所で季語を探してみてください。

さて、ここまで季語の分類にしたがって、さまざまな季語を紹介してきました。季語の数はざっと八千ほど、そのすべてを本書で紹介することはできません。是非、歳時記を手にとって自分で調べてみてください。こんなものも季語だったのか、という新鮮な発見があるはずです。八千もの季語を、一気に覚えることなど到底できませんが、俳句を始めるようになれば、二、三年で主要な季語は自然と覚えられますので安心してください。むしろ、季語に囲まれている日本人の生活の豊かさを、今まで以上に楽しめるようになるでしょう。

3　季語の本意

俳句には八千もの季語があると書きましたが、その中には古くからある季語もあれば、比較的新しい季語もあります。

例えば、「雪」「月」「花」などは古くから和歌の題材として詠まれ、それが俳句に受け継がれて季語になったものです。数ある季語の中でも、もっとも伝統的な季語と言えるでしょう。同様に「ほととぎす」や「蛍」、「梅」「紅葉」なども、古歌の時代から詠み継がれてきた歴史のある季語です。

一方、「プール」や「サングラス」などの季語は、当然江戸時代にはありませんでした。近代に入ってから、俳句の季語として定着したものです。「原爆忌」や「終戦日」なども、当然、太平洋戦争後にできた新しい季語です。

逆に、時代とともに使われなくなってゆく季語もあります。例えば「藪入《やぶいり》」という新年の季語は、昔、奉公人が正月十六日に休暇をもらって親もとへ帰ることを言いましたが、こうした習慣のなくなった現代では、もはや消滅しつつあります。季語は、時代とともに変遷してゆくものなのです。

そうした中にあって、一千年以上も前から日本文学の中心をなしてきた「雪」「月」「花」などの伝統的季語は、その中にさまざまなイメージを内包していると言えます。それを、「季語の本意」と言います。

例えば、次の句はどうでしょうか。

さまざまの事おもひ出す桜かな　　松尾芭蕉

『笈《おい》の小文《こぶみ》』

「桜」や「花」は、日本人が最も愛してきた季語と言ってもよいでしょう。現代で言えば、入学の季節に咲くその花は、人生の節目節目を思い出させる花になっています。また、散りゆく桜の美しさは、潔い武士道的な生き方の象徴になっていた時代もあります。桜の花は、どこか人間の生と死を思わせるところもあるでしょう。平安時代の歌人・紀友則《きのとものり》は『古今和歌集』の中に、

ひさかたの光のどけき春の日にしづ心なく花の散るらむ

という和歌を詠んでいます。「こんなに光がのどかな春の日にどうして穏やかな心もなく桜の花は散っているのだろうか」という意味の歌です。散る花を惜しむ気持ちは、時に人を狂おしくさせるものでもあったのです。

こうしたことすべてが、「桜」「花」の季語としての本意です。芭蕉の句は、「桜」の本意を踏まえて鑑賞しなければなりません。おそらく芭蕉は、咲き満ちる桜の花を見ながら、これまでの人生を振り返り、さまざまな人との出会いや別れ、数々の忘れられない思い出を反芻《はんすう》しているのでしょう。

俳句がなぜ、たった十七音で一つの世界を描けるかと言えば、季語がいま説明したようなさまざまな情報を内包しているからなのです。季語が雄弁に語ってくれるからこそ、十七音の短い詩の中に深い詩情を湛《たた》えることができるのです。芭蕉の「桜」の句は、「桜」だからこそ成り立っているのであって、「椿」や「柳」など他の植物に置き換えることはできません。このように、季語がぴったり嵌《はま》っていることを、「季語が動かない」と表現します。

「桜」のように、季語の本意が濃厚にあるものはむしろ稀《まれ》で、特に新しい季語にはまだ本意と呼べるほどのものはありません。季語の本意は、長い文学の歴史の中で培《つちか》われてゆくものだからです。そうは言っても、それぞれの季語がある種のイメージをまとっていることは事実です。植物の季語を例に見てみましょう。

第２章の「取り合わせ」の説明の中で、

海女《あま》とても陸《くが》こそよけれ桃の花　　高浜虚子

『六百五十句』

という句を例に挙げました。「桃の花」が、三月の女の子の節句に欠かせない花だということ、その鮮やかな桃色からも「海女」がまだ若い女性であることがイメージされる句です。

例えば、この句の季語を「チューリップ」に置き換えたらどうなるでしょう。「チューリップ」は、「さいたさいた」で始まる童謡の印象もあってか、幼い女の子のイメージをまとっています。「チューリップ」では、「海女」があまりにも幼くなりすぎてしまうでしょう。逆に、「菊の花」に置き換えたら、ぐっと年配の女性が想像されてしまいます。「菊」は仏様に供える花というイメージを強くまとっている花だからです。

このように、季語ひとつひとつがどんなイメージをまとっているかを考えることが、俳句の鑑賞では大変重要になってきます。

そして、同じことは、次の章で説明する俳句の実作においても、きわめて重要なポイントになるのです。例えば、上五《かみご》・中七《なかしち》で十二音のフレーズが出来あがったとします。そこに、下五《しもご》でどんな季語を取り合わせるかによって、その句の印象が大きく変わってしまうからです。そのとき、「動かない」季語を取り合わせられるためには、たくさんの季語の抽斗《ひきだし》を作って、必要なときにいつでも取り出せる状態にしておかなければなりません。

次の章では、いよいよ俳句の実作について説明をしてゆきたいと思います。

コラム「無季俳句について」

第3章では、季語について話をしてきましたが、俳句の中には季語の入っていない「無季《むき》俳句」と呼ばれるものがあります。

現代の俳壇は、無季俳句を認める俳人たちと、有季の俳句にこだわる俳人たちの、大きく二つのグループに分かれています。

私自身は、有季の俳句を旨《むね》とする協会に所属していますので、無季俳句は作りませんが、無季俳句を作る人たちとも交流はありますし、すぐれた無季俳句はきちんと評価されるべきだと思っています。

無季俳句が盛んに作られるようになったのは、大正から昭和前期にかけてです。

例えば、次のような句は皆さんもどこかで目にしたことがあるのではないでしょうか。

分け入つても分け入つても青い山

種田《たねだ》山頭火《さんとうか》

『草木塔』

戦争が廊下の奥に立つてゐた

渡辺白泉《はくせん》

『渡辺白泉句集』

彎曲《わんきょく》し火傷《かしょう》し爆心地のマラソン

金子兜太《とうた》

『金子兜太句集』

山頭火は漂泊の俳人として知られた人です。「分け入っても分け入っても」というリフレインからは、現実から逃避するように旅に駆られてゆく作者の姿が思われます。

下五の「青い山」は夏の青々と茂った山のことでしょうから、「夏の山」と改めれば有季の俳句になるのですが、それでは山頭火の焦燥感《しょうそう》は十分に伝わらないかもしれません。漢詩には「青山《せいざん》」という言葉があって、青葉の茂った山という意味のほかに、「墳墓の地」つまり墓所という意味を持っています。山頭火の「青い山」という言葉の中には、どことなくその意味合いを感じ取ることができます。この言葉が、山頭火の句の詩情を支えているのだと思います。

白泉の句は、太平洋戦争が近づいてきた頃の作品です。「戦争」を擬人化し、それが「廊下の奥に立つてゐた」という呟きのような口語的表現は、不気味で恐ろしい感じがします。この句も、「戦争」という、季語ではないにせよ、強いインパクトを持つ言葉があってこそ成り立っていると言えるでしょう。

兜太の句は、戦後の長崎での作品です。爆心地の付近でマラソン大会が行われているのでしょう。しかし、走っているうちにランナーの体は「彎曲し火傷し」、あたかも被爆直後の長崎をおろおろと逃げ惑う人々のイメージと重なって、作者には捉えられたのではないでしょうか。この句も、「爆心地」という強い言葉がなければ、一句として成り立たなかったと言えます。

つまり、すぐれた無季俳句に共通して言えることは、季語に代わる「雄弁な言葉」を効果的に用いているということです。詩情を濃厚に内包した季語を捨てる代わりに、同等のインパクトを持つ言葉を選んで用いているのです。

いずれにせよ、すぐれた無季俳句を詠むことは、有季の俳句を詠む以上に難しいことだと言えるでしょう。ですから、初心者の皆さんには、まずは有季の俳句を作ることから始めていただきたいと思います。俳句がある程度上達したところで、無季俳句にも挑戦するかどうか、そこは自分自身で判断して決めてください。

第４章
実作への一歩

1 素材を探す

この章では、実際に俳句を詠む(＝作る)ためのヒントを紹介してゆきたいと思います。

人間は、毎日のように感動して生きているわけではありません。俳句に詠みたいと思う感動を待っていたら、いつまでも俳句を詠むことはできないのです。俳句はむしろ、さりげない日常をすくい取って詠むものと言ってもよいでしょう。日常の中のちょっとした発見や、小さな心の起伏を見逃さないようにすることが、俳句の素材を探すヒントです。

まず、手始めに皆さんの家の台所を覗《のぞ》いてみましょう。冷蔵庫の中やその周りに、たくさんの季語があるはずです。春先なら、冷蔵庫の中には「菠薐草《ほうれんそう》」や「レタス」が入っているかもしれません。夏場なら、「胡瓜《きゅうり》」や「茄子《なす》」「トマト」などの夏野菜が入っているでしょう。秋であれば「梨」「柿」「林檎《りんご》」などの果物が、冬場には「白菜」「葱《ねぎ》」などの野菜があることと思います。これらの野菜や果物はすべて季語です。まずは、こうした身近な季語をよく観察して、何か気付いたことを一句に詠んでみることです。

試しに、夏の季語「胡瓜」を素材にして詠んでみましょう。

みずみずしい胡瓜の棘《とげ》が指を刺す

例えば、この句は胡瓜の棘に注目できた点で、最初の一歩としてはまずまずでしょう。残念なことは、口語的・散文的な言い方によって、句が緩くなってしまったことです。上《かみ》五《ご》の形容詞「みずみずしい」を文語の「みずみずし」に改め、さらに語順を換えてみましょう。

指を刺す胡瓜の棘のみずみずし

このように直すだけで、ずいぶんすっきりした形になりました。食べ物の季語であれば、実際に食べてみた上で句を詠むのも大切なことです。

ぱりぱりと齧《かじ》る胡瓜のみずみずし

齧ったときの音に注目できた点は、まあまあでしょう。ただ、「ぱりぱりと」というオノマトペがあれば、「齧る」という動詞は言わなくても通じるかもしれません。また、「ぱりぱりと」だけで胡瓜のみずみずしさは十分に伝わるようにも思われます。この辺りの言葉の重複を直してみましょう。

ぱりぱりとよき音立てる胡瓜かな

これだけで、齧っている様子や胡瓜のみずみずしさは十分に伝わるのではないでしょうか。下五《しもご》に「かな」という切字《きれじ》を用いたことで、俳句としてもしっかりした形になりました。

まずは、こんな風にして身近な素材を十七音に収める練習をしてみてください。ちなみに、次の句は、俳句を始めて一年ぐらいの中学生が詠んだものです。

山水を閉ぢ込めてゐる胡瓜かな　鈴木ヒロアキ　未発表

胡瓜食ふ会話のなかで旅をして　荒川力也《りきや》　未発表

二人とも、頑張って旧かな遣いで表記しています。ヒロアキ君の句は、胡瓜のみずみずしさを直接的に言わず、「山水を閉ぢ込めてゐる」と表現しました。ここに、ヒロアキ君独自の視点が入っています。力也君の句は、上五の「胡瓜食ふ」で切れる、いわゆる「取り合わせ」の句になっています。食卓を囲みながら、家族で旅の話をしているのでしょうか。「胡瓜」は夏の季語ですから、夏休みの旅行の計画について話し合っているのかもしれません。身近な野菜である「胡瓜」が、家族の風景によく合っています。

私も、「胡瓜」で一句詠んでみることにしましょう。

大皿に林のごとき胡瓜かな　　佐藤郁良

未発表

大皿に何本も盛られた胡瓜を詠んでみました。「林のごとき」という比喩から、「胡瓜」の青々とした様子が見えてくればよいと思っています。

2 取り合わせに挑戦する

第2章で説明した「一物《いちぶつ》仕立て」「取り合わせ」という言葉を覚えているでしょうか。季語そのものを十七音で詠んだ句を「一物仕立て」、季語と別のモノ、二つを詠み込んだ句を「取り合わせ」と言います。先ほどのヒロアキ君の句は「胡瓜」そのものを詠んだ「一物仕立て」なのに対し、力也君の句は「取り合わせ」になっています。

実は、初心者にとっては「一物仕立て」はかなりハードルが高い作り方なのです。季語そのものをしっかり「写生」する力や、これまで作られてきた先行作品にはない新しい視点が必要とされるからです。そういう意味では、「取り合わせ」の句の方が比較的作りやすいと言えます。

「取り合わせ」の句にしばしば用いられるのが、「や」という切字です。四文字の季語に「や」を付けて切った上で、中七《なかしち》・下五の十二音で別の内容を取り合わせるというのが、一番基本的な俳句の型です。

まずは、お手本になる句を挙げてみます。

新涼や時計少なき家に住み　櫂未知子

『カムイ』

この句の季語は「新涼」、秋になって本格的に感じる涼しさを言います。この句は、上五の「新涼や」で切れて、「時計少なき家に住み」という十二音のフレーズが取り合わせられているのです。「時計少なき家」はどこか生活感がなく、がらんとしていて静かな印象があります。つまり、この句は、中七・下五で具体的に「新涼」を感じさせる情景を描いたということになります。

この句をお手本に、「新涼や」の後に十二音のフレーズを付けて、俳句を詠んでみましょう。ちなみに、上五で「や」を用いた場合には、「かな」や「けり」は併用しない、というのが俳句の約束になっていますので、この点も注意して作ってみてください。

新涼や街に長袖増えてきて

秋になって、街をゆく人々の服装に変化が現れてきたことに注目できたのはよいでしょう。しかし、上五の「新涼や」が中七・下五の理由になってしまっているところが残念です。このように因果関係になるような内容を取り合わせると、句が理屈っぽくなってしまいます。中七・下五では、具体的な情景を描くよう心がけましょう。

新涼や街にしずかな水の音

この句は、因果関係にはなっていませんし、「水の音」という具体的な情景を取り合わせられたところは一歩前進です。しかし、「水の音」から涼しさを感じるというのは、まだ常識的かもしれません。季語とフレーズの関係があまりにも順当なことを、俳句の用語で「即《つ》きすぎ」とか「季語が近い」と言います。この句は、残念ながら「即きすぎ」になっています。

新涼や壁に真白き簞笥《たんす》あと

引っ越した後の壁紙の様子でしょうか。簞笥を運んだ後の壁の白さから、「新涼」を感じ取ったのだと思われます。このぐらいの距離感で「取り合わせ」ができるようになることが、まずは第一段階の目標です。

今度は、植物の季語で練習してみましょう。梅雨どきを代表する花である「紫陽花《あじさい》」を季語にして、「紫陽花や」の下に十二音のフレーズを付けてみてください。

紫陽花や葉の上にいるかたつむり

このような句は、初めて俳句を作った中学生がよく詠むタイプの句です。まず、「かたつむり」も夏の季語で、一句の中に二つの季語が入ってしまっているところが問題です。このような句を「季重《きがさ》なり」と言って、初心者の場合、特に避けてほしいことです。また、「紫陽花や」で切っているにもかかわらず、すぐ下に「葉」が出てくるというのも、よくありません。せっかく「取り合わせ」にしようとしているのに、内容的には切れていないことになってしまうからです。

紫陽花やくれないはいまむらさきに

季語の「紫陽花」を真っ正面から描こうとした点、言葉遣いが美しい点は評価できます。しかし、中七・下五が季語「紫陽花」の説明になってしまったのは残念です。紫陽花は日々色が変わることで知られており、「七変化《しちへんげ》」という別名もあるくらいです。上五の「や」で切っていながら、中七・下五で季語を説明してしまっては、取り合わせとは言えません。

紫陽花や傘は干されて大輪に

このような句も、初心者に多く見られます。取り合わせはできていますが、内容的にはかなり「即きすぎ」になってしまいました。紫陽花と言えば梅雨どきの花、「傘」と取り合わせると、どうしても近くなってしまいます。

紫陽花や窓に大きなプラモデル

このぐらいの距離感であれば、まあまあの取り合わせと言えるでしょう。雨が続いて外で遊べない子どもが作ったプラモデルが、窓辺に置いてあるのだと想像できます。

皆さんは、どんな句が作れたでしょうか。最初は、どのくらいが「即きすぎ」なのかぴ

んと来ないかもしれません。たとえて言うなら、階段を一段飛ばしにするぐらいの距離感でしょうか。先ほどの句で言うと、

紫陽花　↓　雨　↓　家の中での遊び

のような感じです。このぐらいの距離感であれば、即きすぎにもならず、読者の鑑賞も十分に追いつくことができます。

まずは、歳時記《さいじき》から四文字の季語を探し、それに「や」を付けて切った上で、さまざまな取り合わせの練習をしてみてください。

3 「や」を用いない取り合わせ

切字の「や」を用いなくても、取り合わせの句を詠むことはできます。さまざまな取り合わせの型を、中高生の句を例にして見てみましょう。

春眠《はるねむ》し赤く透けたるたなごころ　山崎勇獅《ゆうし》

未発表

この句は、上五の「春眠し」で切れています。「眠し」は、口語の「眠い」にあたる文語の形容詞の終止形です。このように終止形を用いれば、そこに「切れ」が発生します。下五の「たなごころ」は掌《てのひら》のことです。眠くてぐずっている幼い子の掌かもしれません。

鵙《もず》の声風一枚が響きけり　中川収三《しゅうぞう》

未発表

この句の場合、上五の「鵙の声」（秋）が名詞、その下の「風」も名詞です。このように名詞と名詞が

もず（鵙）

連続すると、そこに「切れ」が発生します。「鵙の声（や）」の「や」が省略された形とみなしてもよいでしょう。晩秋の林を吹く風を「一枚」という数詞で捉《とら》えたところが新鮮です。続いて、中七で切れる句を見てみましょう。

厨房《ちゅうぼう》は母の高さよ春休　谷田部慶太《けいた》

未発表

　この句は、中七を「よ」で切って、下五に季語「春休」を取り合わせています。中七を「や」で切ることもできますが、「や」よりも「よ」の方が柔らかい印象になります。慶太君、春休みに台所でお母さんの手伝いをしていたのでしょうか。あらためて、厨房の高さがお母さんの背丈に合っているということを発見したようです。

海沿ひの等しく錆《さ》びてクリスマス　笹田陽太

未発表

この句の場合、中七には「て」という助詞が用いられています。「て」を使うと、「や」や「よ」よりもさらに「軽い切れ」になります。何となくさびれた港町にささやかなクリスマスの装いが見られる風景を詠んだ句です。

板かけて橋とするなり額の花　佐々木柊《しゅう》

未発表

この句では、中七の最後に「なり」という断定の助動詞が用いられています。助動詞の終止形も文末の形ですので、ここに「切れ」が発生します。「額の花」(夏)は紫陽花の一種、そのそばにいかにも頼りない橋が架かっている情景を詠んだ句です。

このように、「や」を用いなくても、いろいろな型で取り合わせの句を詠むことができます。「や」が使えるようになったら、さまざまな取り合わせの型にも挑戦してみてください。

4 情報を絞る・述べすぎない

ここまで、〈季語を説明しないこと〉〈即きすぎにならないようにすること〉〈季重なりを避けること〉など、いくつか注意してほしい点を挙げてきました。この他にも、初心者に気を付けてもらいたいことをいくつか挙げてゆきたいと思います。

その一つが〈要素が多くなりすぎないようにすること〉です。初心者は、ともすると一句の中にたくさんの情報を詰め込みすぎてしまう傾向があります。例えば、次のような句がそうです。

数学の宿題終わり花火の子

やっと宿題が終わって花火を楽しんでいる様子はよくわかりますが、「数学」「宿題」「花火」「子」など、一句の中に多くの情報が入りすぎてしまっています。この場合、「数学」という情報は必ずしも必要ではないかもしれません。英語や国語に置き換えてもさほど違いませんし、大事なのは「宿題を終えたこと」だからです。同様に、「子」という情報も不可欠とは言えないでしょう。「宿題」をしている時点で、それが大人ではないことは明らかだからです。「数学」と「子」という二つの名詞を削るだけで、情報はだいぶ整理できます。

宿題を終えて花火の煙《けむ》の中

このように推敲すると、だいぶすっきりすることがわかるでしょう。削った分の字数で「煙の中」を新たに加えることができ、情景がより伝わりやすくなったように思います。

続いての注意点として、〈述べることば〉を減らすこと〉を挙げておきたいと思います。〈述べることば〉というのは、対象を描くのではなく作者の心情や発見を直接的に表現する言葉のことで、多くは動詞や形容詞がそれにあたります。例えば、次の句はどうでしょう。

ぬるそうに見えてつめたい夏の川

「ぬるそう」「見える」「つめたい」、この三つはいずれも〈述べることば〉になってしまっています。こうなると、句がとても説明的に感じられます。実際に、夏の川に手を入れた瞬間をもう少しリアルに切り取れると良い句になるでしょう。

手を入れて声のおどろく夏の川

〈述べることば〉は「おどろく」一つに減らしてみました。「つめたい」とは言っていませんが、水温の冷たさに驚いたのだということは十分に伝わるのではないでしょうか。さらに、「おどろく」もやめて、

手を入れて鋼《はがね》のごとし夏の川

と改めると、だいぶしっかりした俳句になります。「鋼のごとし」という比喩によって、「つめたい」「おどろく」という情報を代弁することができています。

俳句の基本的な考え方に「写生」という理念があることは、以前に説明しました。「写生」とは、文字通り絵のように〈描くこと〉です。〈描くこと〉と〈述べること〉は正反対と考えてもよいでしょう。感動や驚きをそのまま述べるのではなく、情景を描くことによって読者に伝えるというのが、俳句の基本的な考え方です。読者の皆さんも、このことを意識して俳句を詠んでみてください。

5 表現技巧を使ってみる

第2章では、さまざまな表現技巧を用いた俳句の鑑賞について説明しました。今度は、自分自身が俳句を詠む際に、そうした表現技巧を意識して使ってみましょう。高校生・中学生の句を例に挙げてみます。

海あたらし勝利のやうにヨットの帆　　笠原悠路《ゆうろ》

「第19回俳句甲子園」

悠路君が高校時代に詠んだ句です。「勝利のやうに」という比喩によって、まぶしい海を凱旋《がいせん》してくるかのような「ヨット」(夏)の白い帆がいきいきと見えてきます。「勝利のやうに」と言うことによって、「帰ってくる」という〈述べることば〉を省略することも可能になっています。

教科書の付箋《ふせん》ぺりりと冴返《さえかえ》る　　佐々木拓実《たくみ》

未発表

こちらは「ぺりりと」というオノマトペを使った句です。普通なら下に「剝《は》がれ」という動詞が続くところですが、こちらもオノマトペを効果的に用いたことで〈述べることば〉を省略することができました。「冴返る」は、早春に寒さが戻ってくることを言う季語です。「ぺりりと」の語感が、季語の「冴返る」とよく合っています。

ひとすぢの快速アーバンと枯野　　松井海翁《かいおう》

未発表

この句は、「ひとすぢ」という数詞と「快速アーバン」という固有名詞が用いられています。「快速アーバン」は知らない人もいるかもしれませんが、JR高崎線を走っている快速列車の愛称で、群馬県から埼玉県にかけての広々とした「枯野」(冬)の風景を連想させます。また「ひとすぢ」という数詞によって、カーブの少ない線路を真っ直ぐな矢のように走る列車の様子も思われます。この句にも〈述べることば〉は使われていません。

方角のない街石鹼玉《しゃぼんだま》の街　　山田風太《ふうた》

未発表

風太君が高校時代に詠んだ句で、対句とリフレインが用いられています。「石鹼玉」(春)がたくさん漂っている街は、どこか現実感がなく、東西南北という座標軸を失ったかのように感じられたのでしょう。〈述べることば〉を使わないことによって、やや難しく感じられる部分もある代わりに、幻想的な空間を描き出すことに成功しています。

このように、表現技巧を効果的に用いることは〈述べることばを減らすこと〉につながるのです。俳句のスキルアップのためには、さまざまな表現技巧に挑戦する必要があります。俳句の実作に馴《な》れてきたら、是非試してみてください。

6 俳句のさまざまな作り方

継続的に俳句を詠み続けるためには、さまざまな俳句の作り方をマスターしなければなりません。大きく分類すると、俳句の作り方には「雑詠《ざつえい》」「題詠《だいえい》」「嘱目《しょくもく》」の三つがあります。

一つ目の「雑詠」というのは、特にテーマを決めないで詠む自由題のことです。街を歩いていてふっと思いついた十七音を書き留める、これは雑詠になります。雑詠の中でも、今の季節を詠んだ句のことを「当季雑詠」と言い、これが句会などに出す句の中心になります。立春を過ぎたのに、いつまでも冬の句を作るというのは、あまりお勧めできません。基本的には、その季節の句を詠むように心掛けたいものです。

二つ目はテーマを与えられて詠む「題詠」です。題詠の中でも、前もって出される題を「兼題《けんだい》」、句会の席でいきなり与えられる題を「席題《せきだい》」と言います。兼題や席題にもいくつかのパターンがあって、一つは季語を題とするケースです。これを「季題《きだい》」と言います。

高校生の俳句甲子園で出される兼題の多くは、季題です。例えば、ある年の大会では「残暑」という兼題が出されました。選手たちは、前もって「残暑」で何句も作り、その中から最も自信のある句を大会に提出するのです。

旧姓で呼ばれ残暑の母うつくし　関口礼児《れいじ》

「第21回俳句甲子園」

「残暑」という題からイメージを膨《ふく》らませ、お盆で故郷に帰省した母親が昔の友達に旧姓で呼び止められた一瞬を詠んだ句です。

一方、俳句甲子園の決勝戦の兼題は漢字一字が与えられます。例えば、ある年の決勝戦では「尾」という字が兼題に出されました。そうすると、選手たちは「尾根」「尾羽」「尾《び》骶骨《ていこつ》」など、「尾」という字を使った熟語を一生懸命に探し、それを一句の中に詠み込みます。

上海の尾灯にまみれたる氷菓　森波瑠摩《はるま》

「第19回俳句甲子園」

この句は、「尾灯」(=車のテールランプ)という熟語にたどり着き、そこから連想を広げた結果、できた一句なのです。

三つ目に、「嘱目」という俳句の作り方があります。これは実際に見たものを題材に、俳句を作ることを言います。例えば、家にある林檎を見ながら俳句を詠む、これは嘱目になります。また、仲間を誘ってどこかに出かけてゆき、そこで見たものを俳句に詠むことを「吟行《ぎんこう》」と言い、これも嘱目の一種です。出かける先は、必ずしも観光地である必要はありません。家の近くの公園でも、それぞれの季節にさまざまな花や昆虫が見られることでしょう。そこで実際に目にした季語を使って、俳句を詠むのは楽しいことです。

天晴《あっぱれ》や酢茎《すぐき》が量り売りといふ　垂水文弥《たるみふみ》

未発表

この句は、年末に京都の錦小路《にしきこうじ》を吟行したときの中学生の句です。大きな酢茎の漬物がごろごろと量り売りされている様を素直に切り取っています。

私なども、俳句が思うようにできないときは、一人でふらっと吟行に出かけることがあります。自宅近くの公園がいつもの吟行コースで、そこを小一時間歩いて俳句を作ります。定期的に同じ場所に通っているので、どこにどんな木があって、何月ごろに何の花が咲くのか、すべて頭に入っています。今年は梅の花が例年より遅いなとか、そんなことを考えながら俳句を書き留めてゆきます。家で歳時記とにらめっこしているよりも、ぶらぶら歩いている方がたくさんの句を作ることができます。

大切なことは、雑詠・題詠・嘱目の三つをバランスよく実践することです。歳時記をめくりながら、この季語で俳句を詠んでみようと思ったら、是非詠んでみてください。それは、ある意味「季題」で作っているのです。電車の中で出会った若いお母さんと赤ちゃんの姿が印象に残ったら、それも俳句に詠んでみましょう。それは、一種の「嘱目」と言えるでしょう。常に、俳句の素材を探すアンテナを立てておくことが、俳句を継続的に詠むためには大切なことなのです。

7 誰かに見てもらう

俳句を日常的に詠むようになったら、ノートに句を書き留める習慣をつけましょう。俳句を書き留めたノートや手帳のことを「句帳」と言います。自分が詠んだ句にはそれなりに愛着があって、我ながら良い句だと思ったりもするのですが、本当にそれが良い句なのかどうかは、他者に評価してもらった上で判断する必要があります。身近な大人、例えば家族や学校の先生に見てもらうのが一番手っ取り早いかもしれませんが、ある程度俳句を知っている人でないと、正しく評価するのは難しいことです。

他者の評価を得るために一番有効な方法は「句会」に出ることです。「句会」のやり方については次の章で詳しく説明しますが、何人かで俳句を持ち寄って、作者がわからない形にした上で、互いの句を選び、意見を交換するのです。句会に出ると、自信があった句が全く評価されなかったり、逆にあまり自信のなかった句が高く評価されたりすることが、しばしばあります。きちんとした指導者がいる句会であれば、どのように推敲《すいこう》すれば良い句になるか、具体的に指導してもらうこともできるでしょう。句会を繰り返す中で、自ずと俳句の力が磨かれてゆきます。

しかし、身近に俳句の仲間がいなければ、句会を開くことはできません。そのような場合は、新聞や雑誌の俳句欄に投句して、評価を求めることができます。多くの新聞には週一回ほど俳句欄が設けられていて、誰でも投句する(＝俳句を投稿する)ことができます。また、大きな書店で売られている俳句総合誌にも、誰でも投句できるコーナーが設けられています。こうした投句欄の選者は一流の俳人たちで、投句しているのも大人が中心ですので、経験の浅い人が取り上げてもらうには少しハードルが高いかもしれませんが、挑戦してみる価値はあるでしょう。

俳句には数々の結社誌（＝主宰と呼ばれる俳人が運営している雑誌）があって、その中には初心者や学生を対象とした投句欄を設けている雑誌もありますので、そのような雑誌を選んで投句してみるのも一つの方法です。

もう一つの方法は、賞に応募してみることです。ペットボトルのお茶で有名な伊藤園が主催している俳句の賞は、皆さんも知っているでしょう。ほかに、神奈川大学は高校生を対象とした俳句の賞を設けています。これらの賞は、初心者でも比較的入選しやすい賞ですので、ホームページなどから要項を入手して、是非チャレンジしてみてください。

自分が詠んだ句が他者から評価されることは、何よりうれしいことです。一方で、評価されなかった句は潔く捨てる姿勢が大切です。初心者のうちであれば、百句作ったとしても本当に良い句は一、二句かもしれません。残りの九十八句は潔く捨てるのです。このような姿勢を、俳句では「多作多捨《たさくたしゃ》」と言って、上達のために必要なこととされています。

俳句の上達にしたがって、残る句の割合はいくらか増えるとは思いますが、プロの俳人であっても多作多捨が大切なことは変わりありません。私の場合、一年で二千句ほどを作っていますが、最終的に句集に残す句は五十句程度です。俳句が上達すればするほど、今度は自分の中のハードルが上がってゆくものなのです。

まずは、一日に二、三句でもよいので継続的に俳句を詠む習慣をつけましょう。その中から他者の評価を得られた句だけを残して、残りは潔く捨てる。この姿勢が身についたら、皆さんも「俳人」の仲間入りをしたと言ってよいでしょう。

第5章
俳句を楽しむ

1 句会を楽しむ

俳句を続けてゆく中で一番の楽しみは、句会に出ることです。句会は、俳句における最も基本的な活動と言ってよいでしょう。私の場合、高校生・中学生とともにしている句会が月に七、八回、大学生や大人と一緒に開いている句会が月に四、五回はあります。その中では、私が主な選者として指導をしていますが、自分自身も俳句を出していますので、月に百句ぐらいは句会のための俳句を用意しなければなりません。これは結構な数ですが、そういうモチベーションがないと、逆に俳句作りは滞ってしまうものなのです。

まずは、句会の進め方について説明しましょう。句会は、その句会ごとに出句数が決まっているのが普通です。例えば、三句出し、五句出しといったようにです。五句出しの句会の場合、事前に五句を作って句会に持ち寄らなければなりません。持ち寄りの句には、「兼題《けんだい》」と「雑詠《ざつえい》」があります。「兼題」とは、あらかじめ出されるお題のことで、例えば「五月」のように季語が兼題になる場合もあれば、「日」のように漢字一字がお題になる場合もあります。漢字一字が兼題となっている場合は、「日曜」「日向《ひなた》」のように季語ではない熟語にして詠み込んでも構いませんし、「日永《ひなが》」のようにそれ自体を含む季語を用いて詠んでも構いません。一方、「雑詠」というのはいわゆる自由題のことで、その季節に合った季語を用いていれば何を詠んでも構いません。

句会によっては、当日「席題《せきだい》」が出される場合があります。「席題」とは、句会場に着いてから初めて出されるお題のことで、これも季語がお題になる場合と字がお題になる場合があります。「席題」が出される句会の場合には、少し早めに句会場に行って、句を考える時間的余裕を確保した方がよいでしょう。

句会場に着いて最初にすることは、自分の用意してきた句を「短冊」に書くことです。「短冊」とは俳句を記入する細長い紙のことで、句会の幹事さんが用意してくれています。これに、自分の句を縦書きで記入します。

（例①） 母の手をふり切つてゆく五月かな　　佐藤郁良

『海図』

このとき、次の例②のように、上五《かみご》・中七《なかしち》・下五《しもご》の間を一字空けにして書いてはいけません。

（例②）　母の手を　ふり切つてゆく　五月かな

例①のように、間を空けずに書くようにしてください。また、短冊には作者名などは一切書かないルールになっていますので、覚えておきましょう。

短冊を書き終わったら、出句台の上に短冊をいくつかの山にばらして置いてゆきます。これを「出句」と言います。出句には締切時間がありますので、遅れないように句を書き終えてください。

全員の出句が終わると、幹事さんが「清記用紙《せいき》」を配ってくれます。「清記用紙」とは、出席者の俳句を清記（＝清書）する紙のことです（一八七頁参照）。合わせて、参加者の短冊をシャッフルしたものが何枚かずつ配られますので、これを清記してゆきます。五句出しで十人参加の句会であれば、計五十句を皆で分担して清記することになります。

この際も、上五・中七・下五の間を一字空けにしないよう気を付けてください。また、作者によって新仮名遣いで書いている人もいれば、旧仮名遣いで書いている人もいますので、注意が必要です。仮名遣いも含めて、正確に書き写すようにしましょう。清記者が句を間違えると、せっかくの俳句が台無しになってしまうことがありますので、書き終わった後にもう一度確認する習慣をつけてください。すべての句を書き終わったら、清記用紙の右下に清記者の名前を記入します。これは、自分が責任を持って清記しましたというサインです。

句会で、なぜ清記という作業をするかというと、その句の作者が誰か、筆跡からわからないようにするためです。いつも同じメンバーで句会をしていると、字を見れば誰の作品かがわかるようになってしまうものなのです。作者がわかると、選句の際に余計な判断が入ってしまうことがあるため、あえて別の人が清記をするのです。ですから、くれぐれも字は丁寧《ていねい》に、作者の句が良く見えるように書くよう心掛けてください。ときには、短冊に書かれた元の句に誤字がある場合もあります。そういうときは、その誤字の横に小さく片仮名で「ママ」と書き込んでください。清記者が間違えたのではなく、元の句が間違っていたことを示すためです。

さて、全員の清記が終わると、その清記用紙に番号を振ってゆきます。句会の席は、たいていロの字型になっています。句会の指導者など中心になる人が「１」と声をあげたら、その左隣の人が「２」、さらにその左隣の人が「３」と、順に声をあげてゆき、その番号を清記用紙の右上に記入します。十人でする句会であれば、指導者の右隣の人が「10トメ」と言って、番号は振り終わります。「トメ」とは、それが最後の紙だということです。この人は、清記用紙の右上に「10トメ」と記入することになっています。

番号を振り終わったら、いよいよ「選句」です。自分の清記した紙から順に、自分が良いと思った句を、手元の紙に書き抜いてゆきます。一枚の清記用紙から何句書き抜いても構いませんが、このとき清記用紙の番号を一緒にメモするのを忘れないようにしましょう。自分の清記用紙を見終わったら、これを右隣の人に回します。左隣の人からは、次の清記用紙が回ってきますので、その中からまた自分の良いと思った句を書き抜いてください。これを順に繰り返し、自分の清記用紙が戻ってきたら、選句が一周したことになります。

自分の句を手元に書き抜くのは構いませんが、選句の際に自分の句を選んではいけません。どんなに自分の句に自信があっても、これはルール違反になりますので気を付けてください。

選句の数は、句会によって異なりますが、五句出しの句会であれば、同じ五句程度を選ぶ場合が多いでしょう。手元に書き抜いた句、これを「予選」と言いますが、その中からさらに絞って規定の数の句を選んでください。選んだ句は、「選句用紙」に記入します。「選句用紙」とは、自分が選句した句を書き記す紙(一八八頁参照)のことで、清記用紙とは異なります。句会によっては、一句「特選」を選んでくださいと言われる場合がありますので、その場合はどの句が特選かわかるように、選句用紙に記入しましょう。

選句が終わると、次は「披講《ひこう》」です。「披講」とは、選句の結果を読み上げることです。普通の句会では、披講担当の人がいて、その人が皆の書いた選句用紙を読み上げてゆきます。句会に慣れてくれば、披講を頼まれることがあるかもしれません。披講の際には、大きな声で堂々と、句が引き立つように読みましょう。また、どんな場合でも、披講者自身の選から読み上げる決まりになっていますので、覚えておいてください。披講の最後に、

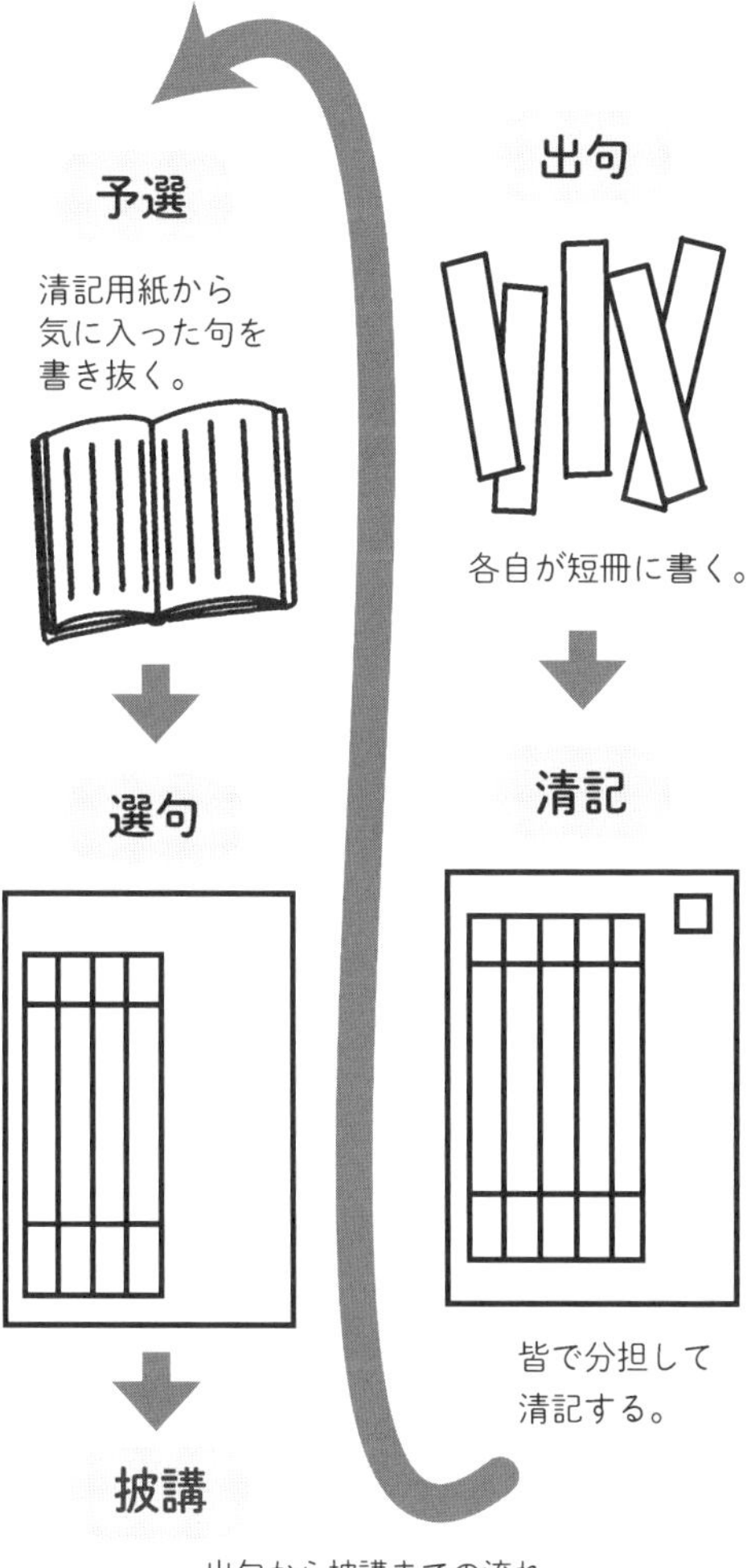

出句から披講までの流れ

指導者の選が読み上げられ、これで披講は終了です。

　ここから先は、句会によってやり方が異なるところですので、一般的な二つの方法を説明したいと思います。一つは「名乗り」を先に行う方法です。披講の際、自分の句が読み上げられたら、その場で自分の名前を大きな声で名乗るのです。この際には、苗字ではなく下の名前で名乗るのが通例です。俳号を持っているひとは、その俳号を大きな声で名乗ってください。その句が何点も入っている場合は、読み上げられるたびに何度も名乗ることになりますが、それは大変名誉なことです。この形式の句会の場合、披講が終わった時点で、点の入った句の作者はすべてわかっていることになりますので、指導者が講評をして、句会は終了となります。指導者の講評は、今後の句づくりの参考になることが多々ありますので、しっかり聞くようにしましょう。

　もう一つの進め方は、披講の際に名乗らず、「合評《がっぴょう》」を行う方法です。この場合、披講が終わった段階では、句の作者が誰だかは全くわかっていません。司会者が、高得点句から順に「なぜこの句を選んだのか」という意見を求めてゆきます。指名された人は、自分がその句を選んだ理由を発言します。何人かが意見を述べた後に、指導者が講評をして、その時点で初めて作者を明かします。合評をする句会の場合には、作者がわかっていると発言しにくくなってしまうため、最後に作者名を明らかにするのです。

この二つの方法が、広く行われている句会の進め方です。人数が何十人もいる句会では、合評している時間が取れないため、先に名乗る方法が広く行われています。一方、少人数の句会では合評形式にした方が、お互いの意見を聞くことができ、鑑賞力を養うための勉強にもなります。また、指導者のいない仲間同士の句会の場合も、後から名乗る合評形式が一般的です。

初めて句会に出るのはなかなか緊張するものですが、以上の内容をマスターしていれば心配は要りません。まずは、自分の身近で行われている句会に一度参加してみましょう。

2　吟行を楽しむ

「吟行《ぎんこう》」とは、どこかへ出かけて行って俳句を作ることを言います。何も有名な寺社や観光地に行く必要はありません。自分の家の近くにある公園でも構いませんし、街の中でも川沿いの遊歩道でも吟行はできます。

自分ひとりでも吟行はできますが、俳句の仲間同士で行った方が、何かと刺激になるでしょう。植物に詳しい人が花の名前を教えてくれたり、鳥に詳しい人が鳥を見つけてくれたりすることもありますので。

吟行の後には、どこか場所を見つけて句会をするのが一般的です。このような「吟行句会」の場合には、あらかじめ作った句を持ち寄るのではなく、その吟行で作った句を出句します。同じ景色を見て来たにもかかわらず、自分とは違った切り口で俳句を詠んでくる仲間が必ずいることでしょう。人によって目の付け所が違ったり、言葉遣いが違ったりするものなので、いろいろと参考になると思います。

それでは、私の指導している開成俳句部の吟行を例に、一日の流れを説明しましょう。時期は二月の中旬、東京の本郷・湯島近辺を吟行した日のことです。午前十時、地下鉄丸ノ内線の本郷三丁目駅に参加者約二十人が集合しました。立春を過ぎたとは言え、まだ寒い季節ですが、その日は比較的穏やかな陽気でした。一行はまず、本郷通りを北に歩いて東京大学の赤門へ向かいました。

東大は、構内に病院などもあるため、誰でも自由にキャンパスを散策することができます。この時期は、学生の試験も終わり、十日ほど先の入学試験を控えて、キャンパスはとても静かです。赤門から構内に入って三四郎池の周辺を散策、池にはまだ鴨《かも》などの水鳥も残っていますし、周りには椿《つばき》が咲き始めています。皆、手元の句帳に思いついたフレーズをメモしながら散策してゆきます。中には、句帳ではなくスマートフォンを使ってメモしている生徒もいます。

このとき、完全な一句ができている必要はありません。上五・中七だけをメモしておいて、後で下五を考えるというのでも全く構わないのです。とりあえず、目についたものや思いついたフレーズをメモしておかないと、後では思い出せなくなってしまうことがしばしばありますので、メモを取ることが大切です。

赤門の影のびやかに寒の明　　鈴木丈句朗《じょうくろう》

未発表

これは、当時中学一年生だった丈句朗君の吟行句です。「寒の明」とは長かった冬が終わって春を迎えたことを表す季語ですが、赤門の色合いがそこはかとない暖かさを感じさせてくれています。

小一時間、東大の中を散策した後、今度は徒歩で湯島天神へと向かいました。湯島天神は学問の神様として知られる菅原道真《すがわらのみちざね》をお祀《まつ》りしている神社です。ちょうど受験シーズンでしたので、境内にはたくさんの絵馬が鈴なりに吊られています。また、境内には見ごろを迎えた梅が咲き誇っており、甘酒などを売る店も軒を連ねていました。

春寒し絵馬に激しき筆遣ひ　宮下春希《はるき》

未発表

白梅の向こうの顔のほくろかな　根木波輝《なみき》

未発表

ひかがみに力ありけり梅の花

林　洸輝《こうき》

未発表

一句目は、中学二年生だった春希君の作品です。いくつもの絵馬を近くで見てみたのでしょう。「志望校絶対合格」といった文字が太々と書かれている様子を、一句に詠みました。その痛切な願いと、季語の「春寒し」がよく響いています。

二句目は、同じく中学二年生の波輝君の句です。咲き誇る梅の木の向こうをよぎった人のほくろが、ぱっと目に飛び込んできたようです。梅の花の白さの中に、ほくろだけが印象的に浮かび上がってくるユニークな句です。

三句目は、中学一年生の洸輝君の句。「ひかがみ」とは膝《ひざ》の裏側のことで、俳句にはしばしば用いられる言葉です。少し高いところの梅の花の香りを嗅ごうとしたのでしょうか。背伸びをしたときの体の感覚を鮮やかに切り取って一句にしました。

湯島天神を出た後は、そのまま不忍池《しのばずのいけ》へ向かいました。不忍池では、ちょうど池の掃除をしていました。池の底に溜った泥を掻き出して、池をきれいにするのです。池の周りでは、柳の木が早くも芽吹き始めています。

末《うれ》いつも水面《みなも》を掠《かす》め柳の芽　佐藤颯《かける》　未発表

こちらは、中学二年生の颯君の句です。「末《うれ》」とは木の梢《こずえ》のことを言います。早春の池の風景を素直に一句にしました。

お昼時を迎えた一行は、湯島周辺で昼食を取りました。陽気の良いときであれば、お弁当を持ってきて池の周りで食べるのもよいかもしれません。いずれにせよ、お昼の時間は句帳を見直して不完全な句を完成させるために欠かせない時間です。おしゃべりもそこそこに、皆、句帳と向き合っていました。

昼食の後、地下鉄で学校へ移動して、午後一時半ごろから句会を行いました。この日は十句出し、学校に着いた後、句をまとめる時間を三十分ほど取りました。先ほど紹介した五句は、いずれもこの句会に出された句です。

なお、この吟行では学校を使って句会を行いましたが、学校から離れた場所で吟行する場合には、どこか句会の場所を予約しておかなければなりません。例えば、各自治体にある公民館や区民センターなどの貸会議室を事前に予約して、吟行の計画を立てておく必要があります。

また、吟行で十句出しというのは、かなりボリュームのある句会と言えます。参加人数の多い句会や慣れていない人が多い句会では、四、五句ぐらいの出句でも全く構いません。そうかと言って、出句を二、三句にしてしまうと、肩に力が入りすぎて、かえって良くないように思います。句を少しでも良くしようといじった結果、逆に句がだめになってしまうことがあるからです。吟行の良さは、見たものを素直に俳句にすることにあります。十句のうち、本当に良いものは一、二句でも構いませんので、できるだけ多めに句を詠むよう心がけてください。

句会が終わったのは午後五時、春の訪れを季語で実感することのできた一日でした。

3 季語を体感する

開成俳句部では、ほぼ月一回のペースで吟行を実施しています。この他に、大人の仲間とともに実施している吟行を含めると、年に二十回以上は吟行しているでしょうか。吟行の良さは、ふだん歳時記《さいじき》でしか目にしていない植物や動物を、直接見たりそれらに触れたりすることができる点です。こうして経験を蓄積することが、俳句に必要な季語の抽斗《ひきだし》を増やすことにつながってゆくのです。

先ほどは、二月の本郷・湯島吟行について具体的に紹介しましたが、この他にどんな吟行先があるか、いくつか紹介したいと思います。

春には、各地で桜の季節を迎えます。東京では、上野公園や谷中《やなか》霊園、隅田川沿いなどいくつもの桜の名所があります。もちろん、そうした場所も吟行地にはなりますが、あまりに混雑しそうなところは避けた方が賢明かもしれません。植物園などは、酒盛りをしている花見客などはいませんので、じっくり俳句を考えながら桜を楽しむことができるでしょう。もう少し季節が進むと、藤の花や躑躅《つつじ》など晩春の花が一斉に咲きそろいます。各地の花の名所を訪ねてみるのも良いと思います。

夏場は、木陰のある公園や渓流《けいりゅう》沿いの吟行が涼しくて良いでしょう。私が定期的に出かけているのは、奥多摩の秋川渓谷《けいこく》です。周辺にはいくつか有名なお寺もありますので、お寺に行った後、渓流で涼みながら俳句を作っています。海水浴シーズンのピークを外せば、海沿いの吟行も良いかもしれません。海沿いは植物の種類が少ないのが難点ですが、逆に海沿いにしか見られない植物もありますので、そうした素材を見逃さないようにしましょう。また、磯に行けば、寄居虫《やどかり》や蟹など、季語になる動物に出会うこともできるでしょう。

蟹の死をしづめて水の透き通る　　佐藤郁良

『しなてるや』

この句は、初夏の江の島吟行で詠んだ一句です。

秋は、果物の豊富な季節です。果物狩りの吟行は食欲も満たされて、大いに楽しめます。私がよく行くのは、山梨県の勝沼です。ここは葡萄《ぶどう》の産地として知られているところで、駅を降りると一面の葡萄畑が広がっています。実際に葡萄狩りを体験してみると、葡萄棚から差し込む柔らかい日射しや、うっすらと日を浴びて半透明に輝く葡萄の粒など、普段は気づかないことに目を向けることができます。この他、曼珠沙華《まんじゅしゃげ》やコスモスなど、秋の野を彩る花を見に行くのも良いでしょう。

冬は、体験型の吟行がお勧めです。例えば「紙漉《かみすき》」は冬の季語です。関東では、埼玉県小川町が古くから細川紙の産地として知られており、二時間もあれば紙漉を体験することができます。冬の冷たい水に手を入れて紙を漉いてみると、その作業の大変さを実感することができます。冬場は、酒蔵《さかぐら》見学もお勧めです。「寒造《かんづくり》」という季語は、寒中に日本酒を仕込むことを言います。こちらは実際に体験する訳にはいきませんが、酒造りの工程を説明してもらい、原料や道具を間近に見ることで、新たな発見があるはずです。

曼珠沙華

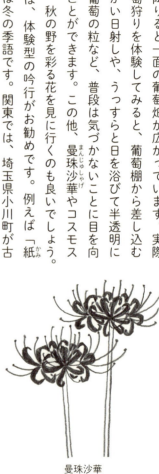

酒になる米きらきらと年の暮　佐藤郁良

『しなてるや』

これは奈良県の酒蔵で詠んだ句です。日本酒造りは、酒米の表面を削ることから始まります。五、六割まで削られた米は小さな宝石のようにきらきら輝いていました。

この他にもお勧めしたい吟行コースはまだまだあるのですが、とても紹介しきれません。歳時記で興味を持った季語があったら、是非、どこに行けばそれを見られるのか、自分で調べてみてください。季語を体感してみることで、歳時記の説明ではぴんと来なかった季語が、リアルな実感を伴って感じられるようになるはずです。

4 自分を磨く

俳句を楽しむことができるようになったら、自分なりの目標を持って、少しでも良い句を詠めるように努力したいものです。そのために一番大切なことは、できるだけ多くの俳句を詠むことです。一つの目安は最低でも一日三句、一カ月に百句というところでしょうか。通勤や通学の道すがらで目にしたものを見逃さないように、常に俳句のアンテナを立てておくこと、こまめにメモを取る習慣をつけることをお勧めします。

昔から、俳句は「座の文芸」と言われています。何人かで句会を囲み、作者である自分が他の人の作品の読者でもあるという関係が成り立っているからです。そういう意味で、句会は何よりも重要な鍛錬の場になります。自分の句を他人がどう評価してくれるかを確認するためにも、できるだけ多くの句会に参加することが、俳句の上達への一番の近道になるのです。今では、気の合った仲間同士でメールによる句会なども行われていますが、やはり互いに顔を突き合わせて行う句会が、一番勉強になるのは間違いないでしょう。

俳句の上達に必要な基礎力としては、季語の知識が不可欠です。持ち運びに便利な文庫サイズの歳時記もありますので、いつも手もとに置いておくことをお勧めします。数千もの季語を短期間に覚えることは到底できませんが、毎日のように歳時記をめくっていれば、一年でも相当の数の季語を覚えられるはずです。特に初心者の人は、類型的な発想に陥ってしまいがちです。自分の思いついた発想が、先行作品ですでに詠まれていないかどうかを確認する意味でも、こまめに歳時記の例句を読む習慣を身につけてほしいと思います。また、季語の中には誤解しやすいものも多々あります。例えば「春光」という季語は、本来「春の光」の意味ではなく、「春の景色」の意味で用いられる季語です。歳時記の例句だけではなく、季語の解説の部分にも必ず目を通して、季語を正確に用いるよう心がけてください。

さらに俳句の上達を目指すには、豊かな語彙力《ごいりょく》を身につけなければなりません。俳句はたった十七音の文芸ですので、自分の詠みたいことを短い言葉で的確に表現する必要があるからです。語彙力を身につけるために大切なのは、こまめに辞書を引く習慣を身につけることです。最近では電子辞書を持っている人も多いことでしょう。たいていの電子辞書には、『広辞苑』などの本格的な国語辞典が入っています。俳句を詠むときには、常に辞書や電子辞書を手もとに用意して、一番望ましい言葉を見つけるように心がけましょう。

俳句を始めると、今まで知らなかった言葉に出会うことがしばしばあります。例えば「居敷」、「二合半」。この二つの単語の読み方と意味は何でしょうか。「居敷」は「いしき」と読んで、お尻のことを言う単語です。俳句で「尻」と詠んで悪いことはありませんが、

「居敷」と詠んだ方がはるかに上品に感じられます。「二合半」は「こなから」と読みます。お酒を量る単位に一升というのがありますが、その十分の一が一合です。つまり、「二合半」は一升の四分の一、少量のお酒のことを表す言い方なのです。このような単語は、私たちの日常生活の中からは消えつつありますが、俳句の中では今でもしばしば用いられています。何でも古めかしい言い方にする必要はありませんが、こうした表現を知っていることで、自分の詠みたいことをより効果的に表現することができるようになるでしょう。

このような語彙力を身につけるには、過去の作品に多く触れるのが最も効果的です。歳時記の例句だけではなく、先人の句集を読んでみましょう。著名な俳人の作品を読むことで、語彙力が高まるばかりではなく、発想にヒントを得ることもできますし、逆に類型的な発想を避けられるようにもなります。句集を読んだことがないという人も大勢いるでしょうが、図書館で借りて読むこともできますし、大型書店には俳句のコーナーが設けてあるところもありますので、是非手にとってみてください。古い句集は、古書店やインターネットで購入することもできます。自分の好きな俳人が見つかると、その作品からたくさんの示唆《しさ》を得られると思います。

一方で、現在活躍している俳人の句に触れることも必要です。そのために有効なのは、いわゆる俳句総合誌に目を通すことです。特定の結社に偏らず、多様な作品を掲載している総合誌としては、『俳句』(角川文化振興財団)、『俳壇』(本阿弥書店)、『俳句αあるふぁ』(毎日新聞出版)、『俳句四季』(東京四季出版)、『俳句界』(文學の森)などがあり、図書館で読むこともできますし、大きな書店に行けば買うこともできます。現在活躍中の俳人がどんな作品を詠んでいるかを知ることで、俳句のトレンドをつかむことができるでしょう。また、総合誌には初心者を対象とした特集が組まれることも多いので、そうした記事に目を通すのも勉強になると思います。

俳句は、現在でもほとんどが文語を用いて詠まれています。詠みたいことを十七音で効果的に表現するためには、口語だとどうしても収まりきらなくなってしまうからです。文語で正確に表現するためには、ある程度は文語文法を理解していなくてはなりません。文語文法については、短期間にマスターしようとせず、多くの作品に触れる中で徐々に身につけていければ問題ありません。それでも心配な人には、俳句に特化した文語文法の入門書も出版されていますので、そうした本を座右に置いておくことをお勧めします。必要なときに、文語文法の入門書で確認する習慣をつけるだけでも、間違いをかなり避けられるようになるでしょう。

俳句を極めようとすれば、今挙げたように様々な努力が必要になるのですが、それは何年か時間をかけて取り組めばよいことです。まずは、俳句を楽しむ気持ちを大切にしてください。俳句が好きになれば自ずと次の課題が見えてきて、何をしなければならないか、自分なりに気づくようになるはずです。何もかも一気に習得しようと思う必要はありません。

俳句は、人生を映す鏡だと言ってもよいでしょう。若い人には若い人にしか詠めない句があり、年配の人には人生を積み重ねてきたからこそ詠める句があるのです。若い人が妙に老成した句を作っても、どうしても作り物になってしまいます。背伸びをしようとせず、平凡な毎日を一生懸命生きることこそが、俳句の上達のために一番大切なことなのかもしれません。

生活の中に俳句が寄り添うことで、皆さんの人生がより豊かなものになることを心から願っています。

付録①　本格的に俳句を学びたい人のために

お勧めの歳時記

角川書店編『合本　俳句歳時記』第五版（KADOKAWA）
＊角川ソフィア文庫版（春・夏・秋・冬・新年）五分冊が、携行に便利です。

お勧めの入門書

藤田湘子『20週俳句入門』（角川学芸出版）
佐藤郁良『俳句のための文語文法入門』（角川学芸出版）

若者を対象とした俳句賞

・神奈川大学全国高校生俳句大賞　対象　高校生
・俳句賞「25」　対象　高校生
・石田波郷新人賞　対象　三十歳以下

＊各賞の詳細については、ホームページ等で確認してください。

若者を中心とした同人誌

「群青」（隔月刊、東京）　櫂未知子・佐藤郁良　共同代表
　発行所　東京都西東京市向台町四―二〇―二六　佐藤方
「奎」（季刊、大阪）　小池康生　代表
　発行所　大阪府枚方市西田宮町二―一〇　小池方
「むじな」（年一回刊行、宮城）　浅川芳直・工藤玲音　発行人
　発行所　宮城県名取市増田五―一二―二八　浅川方

＊これらの同人誌をはじめ、各地で数々の結社誌が発行されています。各誌の問い合わせ先等詳細は、『俳句年鑑』（ＫＡＤＯＫＡＷＡ）で確認してください。『俳句年鑑』は図書館で閲覧することもできますし、大きな書店で購入することもできます。興味のある雑誌があれば、まずは見本誌を取り寄せてみることをお勧めします。

付録②　清記用紙・選句用紙

清記用紙

選者	句	作者

（　　　　　　）記

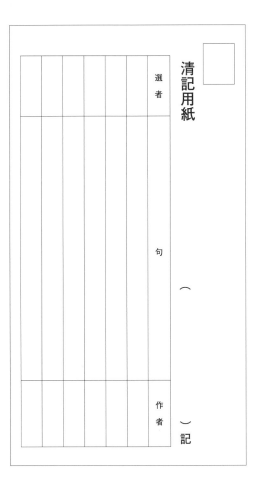

選句用紙（　　　）選

番号	句	作者

あとがき――俳句とともに生きる

俳句を始めて良かったと思うことはたくさんありますが、その一つは世界がとても豊かに見えるようになったことです。いつもの通勤の道すがらで四季の花に目が止まるようになり、今年も辛夷《こぶし》の花が咲いたなとか、紫陽花《あじさい》の芽が青々としてきたなというように、毎日新鮮な発見があるのです。それまでは名前を知らなかった植物の名前を覚えることで、日本人がいかに豊かな自然の中で生きているかということを実感できるようになりました。

もう一つは、人間関係が大きく広がったことです。大人の場合、職場の人や同業者との付き合いはあっても、全く違う業種の人とお付き合いする機会はめったにありません。これが俳句を始めてみると、医師や弁護士などの堅い職業の人から放送業界や広告業界の人、さらには俳優さんに至るまで、自分と全く違う世界に生きている人とのつながりが生まれてきたのです。これは人生を大いに豊かにしてくれました。

学生の皆さんの場合、生活の大半は学校と家の往復でしょう。同じように、大人の場合は職場と家庭が生活の大半を占めています。ここに趣味の俳句が加わることによって、言わば第三の居場所が生まれるのです。仕事はいつも順調な訳ではありません。努力してもうまくいかないことが多々あります。家庭はどうでしょう。十代の皆さんであれば親とぶつかることもあるでしょうし、大人でも家庭が常に円満とは限りません。まれに仕事も家庭もつまずいてしまうと、大人といえども相当つらい状況に陥ってしまいます。けれども、趣味の俳句が加わることで、そこに救いを求めることができますし、自信を取り戻すきっかけにもなり得るのです。

第三の居場所となる趣味は、もちろん俳句だけではありません。スポーツを続けている大人も多くいますし、音楽や写真などの芸術を趣味としている人もたくさんいます。その中で、俳句の特長は、激しいスポーツと違って一生続けることができるという点です。そうかと言ってじっと座っているのでは必ずしもなく、言葉を探すために頭も使いますし、吟行《ぎんこう》に出ればそれなりの距離を歩くことにもなりますので、年配の方には適度な運動にもなります。あまり元手がかからないというのも、俳句の良いところでしょう。歳時記《さいじき》など必要最低限のものは買う必要がありますが、基本的にはノートと筆記具があれば、どこでも俳句を詠むことはできます。

もう一つの特長は、多くの人と触れ合うことができるということです。俳句を作るのは一人でもできますが、句会は最低でも四、五人はいないと成立しません。ともに楽しむ仲間がいるということが、俳句のすばらしいところです。

さらに言えば、手軽に自己表現の欲求を満たすことができる点も俳句の特長と言えるかもしれません。若い人たちが俳句に夢中になっているのは、実にこの点が大きいように思います。自分の感性を磨き、自分の言葉で作品を作り上げることの喜びには、格別なものがあります。

俳句とどのぐらい本格的に向き合うかは人それぞれで、楽しめるレベルになれればよいという人もいれば、俳人として認められるようになりたいと願う人もいます。私の場合は、俳句を始めた当初から、後世に残る句を生涯に一句でもよいから作りたいと思っていました。それが現時点で実現できているかどうかははなはだ疑わしいのですが、その気持ちは今でも俳句を続けている大きなモチベーションになっています。

人間の一生はどんなに長生きしてもせいぜい百年です。死んでから百年も経てば、その人の生きた痕跡は歴史の中に消えていってしまいます。しかし、私たちは三百年以上も前に世を去った松尾芭蕉の句を、何句も諳《そら》んじて言うことができます。芭蕉は、すぐれた作品を残したことで、歴史の中に埋没することを免《まぬか》れたと言えるでしょう。自分の句を後世に残したい、そんな得体の知れない大きな目標のために、私は俳句を詠み続けているのかもしれません。

読者の皆さんが学生であれば、自分が何のために生まれてきたかを考えることは、まだなくても仕方ありませんし、考えたところで答がすぐに見つかるはずもないでしょう。これから職業に就き、そこで良い仕事をすることができれば、それはもちろん大きな生きた証となりえます。あるいは、父親として母親として子どもを立派に育て上げることも、人間の大きな役目と言えます。それに加えてもう一つ、自分が生きた証を俳句として遺《のこ》すことができれば、どんなに豊かな人生になることでしょう。私は、そんな途方もないロマンに惹《ひ》かれているのです。

俳句は十七音というささやかな器ですが、その奥行は無限に広がっています。読者の皆さんも、是非俳句を楽しみながら、自分の人生をより豊かなものに耕していっていただきたいと思います。

二〇一九年　夏

佐藤郁良

佐藤郁良

1968(昭和43)年東京生まれ．東京大学文学部国文学専修課程卒業．97(平成9)年より開成高等学校国語科教諭．2001(平成13)年，俳句甲子園に初引率．以後，自らも俳句を始める．07(平成19)年，句集『海図』(ふらんす堂)により第31回俳人協会新人賞を受賞．句集に『星の呼吸』(角川書店)，『しなてるや』(ふらんす堂)．著書に『俳句のための文語文法入門』(角川学芸出版)，『俳句のための文語文法 実作編』(KADOKAWA)．現在，俳句同人誌「群青」共同代表，「銀化」同人，俳人協会評議員，日本文藝家協会会員．

俳句を楽しむ　　岩波ジュニア新書 907

2019年11月20日　第1刷発行
2022年11月25日　第2刷発行

著　者　佐藤郁良《さとういくら》

発行者　坂本政謙

発行所　株式会社 岩波書店
〒101-8002 東京都千代田区一ツ橋 2-5-5

案内 03-5210-4000　営業部 03-5210-4111
ジュニア新書編集部 03-5210-4065
https://www.iwanami.co.jp/

印刷製本・法令印刷　カバー・精興社

ISBN 978-4-00-500907-7　　Printed in Japan

岩波ジュニア新書の発足に際して

きみたち若い世代は人生の出発点に立っています。きみたちの未来は大きな可能性に満ち、陽春の日のようにひかり輝いています。勉学に体力づくりに、明るくはつらつとした日々を送っていることでしょう。

しかしながら、現代の社会は、また、さまざまな矛盾をはらんでいます。営々として築かれた人類の歴史のなかで、幾千億の先達《せんだつ》たちの英知と努力によって、未知が究明され、人類の進歩がもたらされ、大きく文化として蓄積されてきました。にもかかわらず現代は、核戦争による人類絶滅の危機、貧富の差をはじめとするさまざまな人間的不平等、社会と科学の発展が一方においてもたらした環境の破壊、エネルギーや食糧問題の不安等々、来るべき二十一世紀を前にして、解決を迫られているたくさんの大きな課題がひしめいています。現実の世界はきわめて厳しく、人類の平和と発展のためには、きみたちの新しい英知と真摯《しんし》な努力が切実に必要とされています。

きみたちの前途には、こうした人類の明日の運命が託されています。ですから、たとえば現在の学校で生じているささいな「学力」の差、あるいは家庭環境などによる条件の違いにとらわれて、自分の将来を見限ったりはしないでほしいと思います。個々人の能力とか才能は、いつどこで開花するか計り知れないものがありますし、努力と鍛練の積み重ねの上にこそ切り開かれるものですから、簡単に可能性を放棄したり、容易に「現実」と妥協したりすることのないようにと願っています。

わたしたちは、これから人生を歩むきみたちが、生きることのほんとうの意味を問い、大きく明日をひらくことを心から期待して、ここに新たに岩波ジュニア新書を創刊します。現実に立ち向かうために必要とする知性、豊かな感性と想像力を、きみたちが自らのなかに育てるのに役立ててもらえるよう、すぐれた執筆者による適切な話題を、豊富な写真や挿絵とともに書き下ろしで提供します。若い世代の良き話し相手として、このシリーズを注目してください。わたしたちもまた、きみたちの明日に刮目《かつもく》しています。（一九七九年六月）

949 進化の謎をとく発生学
―恐竜も鳥エンハンサーを使っていたか
田村宏治
進化しているのは形ではなく形作り。キーワードは、「エンハンサー」です。進化発生学をもとに、進化の謎に迫ります。

950 漢字ハカセ、研究者になる
笹原宏之
著名な「漢字博士」の著者が、当て字、国字、異体字など様々な漢字にまつわるエピソードを交えて語った、漢字研究者への成長記。

951 作家たちの17歳
千葉俊二
太宰も、賢治も、芥川も、漱石も、まだ「文豪」じゃなかった――十代のころ、彼らは何に悩み、何を決意していたのか？

952 ひらめき！英語迷言教室
―ジョークのオチを考えよう
右田邦雄
ユーモアあふれる英語迷言やひねりのきいたジョークのオチを考えよう！　笑いながら英語力がアップする英語トレーニング。

953 大絶滅は、また起きるのか？
高橋瑞樹
生物たちの大絶滅が進行中？　過去五度あった大絶滅とは？　絶滅とはどういうことでなぜ問題なのか、様々な生物を例に解説。

954 いま、この惑星で起きていること
気象予報士の眼に映る世界
森さやか
世界各地で観測される異常気象を気象予報士の立場で解説し、今後を考察する。雑誌『世界』で大好評の連載をまとめた一冊。